成功，1分鐘搞定！

40條改造自己的捷徑

三宅裕之◎著
張智淵◎譯

第一章 CHANGE
改變，轉換一整天的好心情！

contents

第二章 CHALLENGE
挑戰，為生活加點新鮮感！

第三章 CONTINUE

持續，愛上不斷進步的自己！

第四章 WRITE

書寫，讓人生更有深度！

【前言】
踩下行動的踏板

截至目前爲止，我指導過三千多人接受商業訓練、心智訓練、學習英語會話、準備證照考試，以及生涯規劃諮詢。

我遇過許多處於各種狀況的人，包括以獲得企業內定爲目標而前來接受建議的學生、煩惱要不要換工作的上班族、現狀比上不足比下有餘，對將來感到莫名不安的社會人、想要知道英語會話或證照考試學習法而前來接受訓練的人等。

我面對這些人的過去、現在、未來，爲求結果而同心協力，進行長期訓練，參與了他們的人生。我和他們面對面，一起思考**怎樣才能步上令人滿意**

的人生、怎樣才能看見將來的目標、怎樣才能積極地持續行動，並認眞給予他們建議。

在這過程中，我發現了一些事，那就是**在結果產生的過程中，一開始的「小改變」，以及為了讓行動得以持續的「計畫擬定」非常重要。**

有些人的確能憑自己的力量奔馳在人生大道上，例如從小獲得許多成功經驗的人、受到四周許多關愛而充滿自信的人、在嚴苛的環境中長大而有強烈追求目標精神的人。這些人能輕易地設定將來的目標，擬定達成計畫，並積極地執行，最後達成目標。

可是，這樣的人絕對不多。有更多的人會因爲對現狀缺少了一點自信，而無法打從心裡雀躍地勾勒夢想；甚至即使擬定了計畫，卻無法跨出第一步實際行動；或者即使展開實際行動，卻在中途遭遇挫折。

我心想：「如果他們能拿出更多幹勁就好了。」

乍看之下，幹勁和動機似乎是態度的問題。然而，這種看法不盡正確。態度當然也有關係，但實際的狀況往往是即使想改變態度，也有一定的困難。

那麼，該怎麼辦才好呢？

解決的方法有幾種，其中特別有效的就是剛才所說的，透過製造「小改變」，從行動來改變態度。

也就是說，**並非提高動機之後再行動，而是反其道而行，藉由行動來提升動機**。這和笑容滿面地唱歌，心情就會變好一樣，首先要有行動，藉由行動來提升幹勁。

這個行動不必是驚天動地的作為，只要小小的一件事即可。像是試著面帶笑容唱歌、比平常早起一分鐘、笑容可掬地對關係不睦的上司打招呼。

雖然都不過是個小改變，但這些微不足道的行為，以及隨之產生的自信，將會變成引發下一個大改變的動機。一旦行動的循環開始轉動，就像斜坡上滾動的小石頭遲早會帶動大岩石一樣，經常會讓人生好轉。

舉例來說，有個最近成功轉換跑道的人一開始所採取的「小行動」，是**「在工作行事曆上整齊地畫出勾選框」**。

乍聽之下好像毫無因果關係，但實則不然。

這個人雖然對於目前的工作沒有什麼不滿，但也找不到將來特別想做的事。許多處於這種狀況下的人，因爲不熱中於現在的工作（沒有認眞活在當下），所以對於將來沒有期待與自信，當然也就無法描繪未來的藍圖。

這種時候千萬不要再繼續茫然地工作下去了。首先必須試著認眞投入現在的工作，不然就索性放下工作，逼問自己究竟想做什麼。

這個人選擇了前者。他重新認眞地檢視自己的工作，帶著誠意和熱忱投入其中，而他所採取的一小步，就是從改善行事曆開始。

以往他記錄行事曆的方法，是每天一頁寫下當天的行程，但寫法雜亂無章，做完的工作就隨便畫線刪除，字也寫得亂七八糟。

於是，他決定改變這種作法。他開始**以條列的方式，用工整的字體寫下之前每天早上亂寫一通的行程，並且在各個項目的開頭以四方形畫出整齊的勾選框**。每當一件工作做完之後，就仔細地在勾選框內打個美美的勾。雖然不至於到神經質的程度，可是至少外觀看起來要整齊。

就是這麼簡單，**在平常的早晨多花一分鐘「播種」，做一個小小的改變**，光是如此，就會改變對工作的態度。他不但變得很認真，也比以前更有計畫了，工作速度也相對提升，跟公司內外人員的相處更是非常積極。

後來，他重新設定人生目標，爲了做自己將來想做的事，他開始考慮到國外研究所留學。就在此時，有某家公司來挖角，而且正好是他將來學成歸國後想投入的領域。猶豫了許久，最後他決定換工作。

如今他仍舊充實地投入於工作，每天早上更是不忘在行事曆上畫出整齊的勾選框。雖然只是花短短的一分鐘整齊地畫勾選框，但是這個舉動會改變態度，繼而產生下一個行爲。這樣的循環會產生自信，促使新目標和未來藍圖的建立，甚至是付諸行動。

從這個例子中，我們可以看到一個良性循環的轉動：**小行動→改變態度（幹勁）→下一個行動→新的未來藍圖→為達成新目標的下一個行動**。

一開始的「小行動」就像是爲了啓動這個循環，用力踩下踏板的動作。這短短一分鐘就能完成的小動作，會成爲一種改變。接下來，身體會自然而然記得新的習慣（譬如早起念書等），發現新的目標，從內心湧現邁向下一個挑戰的熱情。

以結論來說，**人生會因此漸漸好轉**。

一般人之所以「想做」卻遲遲沒有付諸行動，就是因爲沒有這個一開始「踩下踏板」的動作，只是突然想把「幹勁轉換成行動」，所以才會遭遇挫

小改變使人生日漸好轉

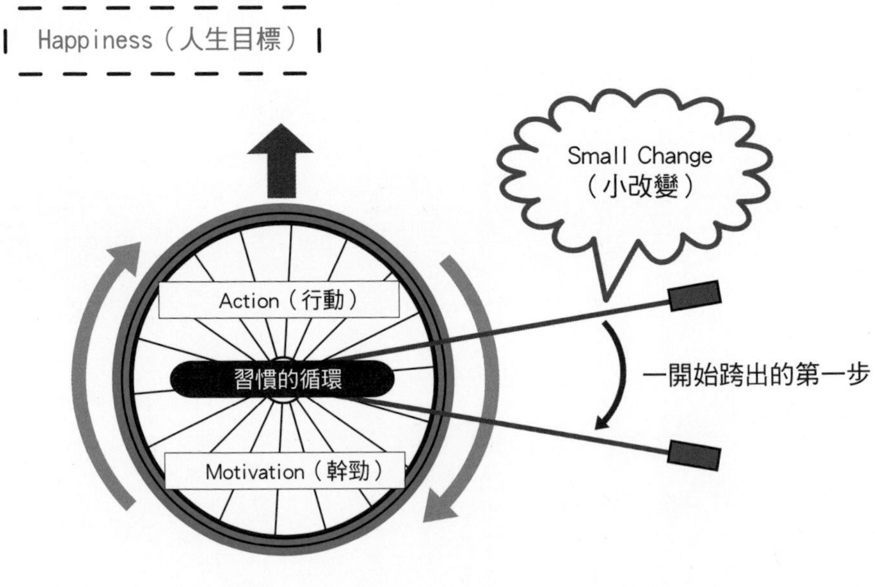
Happiness（人生目標）
Small Change
（小改變）
Action（行動）
習慣的循環
Motivation（幹勁）
一開始跨出的第一步

折。

這就和練習騎腳踏車時，一開始爲了加速，會請別人從後面推一把一樣。爲了啓動讓人生好轉的循環，引發改變的一開始的小行爲很重要。

那麼，到底該採取什麼行動呢？又該如何開始、如何持續下去呢？

本書將會陸續介紹一些具體的想法。

在第一、二章當中，我會介紹創造改變的重點；第三、四章則會說明讓行動持之以恆的訣竅。

雖然不見得非得「每天早上花一分鐘」，不過，本書會盡量以每天早上能夠輕易做到的行動爲主來說明。因爲晨間展開的行動，會對一整天的生活產生重大影響。**這就和服用維他命的時間是一分鐘，效果卻持續整天的道理一樣。**

改變早上的一分鐘，一天就會隨之改變。不斷累積良好的每一天，人生就會改變。

一分鐘也能辦到的小行動，往往也會改變人生。

拿起這本書就是你的「一小步」，請務必掌握書中的提示和改變！

第一章

CHANGE

改變，
轉換一整天的好心情！

活力飽滿的一天，從「晨間提問」開始！

我想，任誰都有「好，今天一整天也要加油！」這種感到非常積極的日子，和「總覺得提不起勁」這種感到消極的日子。這樣的差異從何而來呢？原因可能有很多，像是當天的身體狀況、工作量，或者天氣等。其中我認爲，「早上的思考方向」影響格外重大。**如果早上的心情很積極，就能愉悅地展開一天的行程，也會為一整天帶來好的影響**，即使是同樣一件事，都能從早到晚積極地面對。

我現在每天用來讓早上心情變好的「小行動」中，有一項叫做**「晨間提問」**，指的是18頁所列的八個問題。我每天早上起床之後，會馬上將這些問題唸出聲，自問自答。

這些問題是我參考美國著名訓練師安東尼・羅賓（Anthony Robbins）的*Personal Power 2* CD教材，經過改編之後完成的。你也可以試著針對這些問題思考看看，觀察心情是否也會因此稍微變得更積極了。

據說，**人類的所有思考都是經由Q&A而成立的**；我們會下意識地在腦中自問自答，藉由反覆Q&A的過程，進行思考。

換句話說，**「A」（答案）會隨著「Q」（問題）而改變**。

例如：「最近有發生什麼令你感到痛苦的事嗎？」爲了思考這個問題的答案，人的大腦會把焦點集中在「痛苦的事」上。相反地，如果問題是「最近有發生什麼令你感到快樂的事嗎？」大腦就會把焦點集中在「快樂的事」。

也就是說，**藉由改變對自己的提問方式，就能改變思考的方向和心情**。

因此，只要早上對自己提出下頁這些「晨間提問」之類的問題，讓大腦不得

晨間提問

Q1. What am I happy about in my life now? And feel it!
（我現在對什麼感到幸福？感受它！）

Q2. What am I excited about in my life now? Feel it!
（我現在對什麼感到興奮？感受它！）

Q3. What am I proud about in my life now? Feel it!
（我現在對什麼感到驕傲？感受它！）

Q4. What am I grateful about in my life now? Feel it!
（我現在對什麼感到感謝？感受它！）

Q5. What am I enjoying most in my life now? Feel it!
（我現在對什麼樂在其中？感受它！）

Q6. What am I committed to in my life now? Feel it!
（我現在最想做什麼？感受它！）

Q7. Who do I love? Who loves me? Feel it!
（我愛誰？誰愛我？感受它！）

Q8. To whom and how can I contribute today? Enjoy it!
（我現在能對誰有何種貢獻？享受它！）

不把焦點集中於正面的態度，接下來一整天的思考方向，自然也會跟著朝正面發展。

在每天的晨間提問中，除了回答問題之外，我還會多加一句「Feel it!」（感受它）。這麼做是爲了讓大腦導出的正面答案，能夠進一步地滲入潛意識當中。

由於晨間提問的目的，是爲了讓早上能有正面的心情，所以這短短的八個問題，只要花一分鐘迅速回答就可以了，完全不需要深思熟慮。

這張寫著晨間提問的紙，就貼在我家廁所的牆壁上，每天早上一起床上廁所的時候，自然就會看到它。而當我走出廁所時，一早的活力引擎，就已經開始發動了。換句話說，就是藉由晨間提問，啓動「有幹勁的一天」。

將晨間提問表影印、剪下，貼在廁所裡。（所需時間：一分鐘）

將目標唸出聲

讓一天能從好心情開始的另一個方法，就是將目標唸出聲來。

每天被瑣事追著跑，有時會忽然迷失夢想和目標，不懂「自己爲什麼會過著這種生活」。

過去，我也曾一忙起來就整天都在處理工作，弄得自己精疲力盡。若像這樣一味地受限於眼前的工作，永遠也無法達成長期的人生夢想和目標。

因此，我會藉由22～23頁的「**計畫與未來藍圖表單**」督促自己。

這張表單包括每天該做的事、所花的時間、今年的目標、當月的目標、中長期的計畫、對自己的誓言、自我理想價值觀，以及自我勉勵的句子等。

我每個月都會把表單重新填過一遍，然後放進工作用的資料夾，隨時帶在身上。

光是將表單整理得一目瞭然這麼一個動作，就會大大影響對於夢想和目標的自覺。

此外，我會以勾選框來確認表單上「每天該做的事」，至於表單之外的部分，則會在早晚各朗誦一遍。據說**人在早上起床和晚上就寢前，大腦會釋放出α波，處於容易連結潛意識的狀態**。也就是說，**藉由早晚朗誦目標，刺激潛意識，就能讓大腦自然而然地採取行動，往目標邁進**。

這份「計畫與未來藍圖表單」和常見的行事曆不同之處在於，除了具體的目標和計畫之外，表單裡還增加了自我勉勵的句子，以及理想價值觀等項目。

自我勉勵的句子，是指用文字描述自己的理想形象。基本表現方式為：「我是～的○○。」其中結合了**「我想對社會造成什麼影響、做出何種貢獻

14	15	16	17	18	19	20	21	22	23	24	25	26	27	28	29	30
四	五	六	日	一	二	三	四	五	六	日	一	二	三	四	五	六

一旦發誓，死也不破戒。最多三項。

每天以英文和中文跟自己對話五分鐘（星期日除外）

○○○○○

○○○○○

好習慣（不中斷、不破戒，即使破戒也要馬上恢復）。

對於初次見面的人能夠立即給予祝福：「希望這個人得到幸福。」

一旦猶豫就要嚴格執行。「早晚唸出目標」和「自我對話」無論發生什麼事都要做，哪怕是在旅行途中也一樣。

每天看一本書，外文書兩天看一本。

看完的書要在當天內畫重點，隔天再看一次。

睡覺前三小時不再吃東西。

收到名片的話，當天馬上寫電子郵件給對方，重要人物則親自拜訪。

○○○○○

○○○○○

Morning Questions

1. What am I happy about in my life now? And feel it!
2. What am I excited about in my life now? Feel it!
3. What am I proud about in my life now? Feel it!
4. What am I grateful about in my life now? Feel it!
5. What am I enjoying most in my life now? Feel it!
6. What am I committed to in my life now? Feel it!
7. Who do I love? Who loves me? Feel it!
8. To whom and how can I contribute today? Enjoy it!

計畫與未來藍圖表單

	每天要做的事（星期日除外）	min	1 五	2 六	3 日	4 一	5 二	6 三	7 四	8 五	9 六	10 日
早上	6：20之前起床	1										
	深呼吸（瞑想）	1										
	唸出目標（這張表單上的）	1										
	今天的預定行程／目標	2										
	慢跑／騎腳踏車	30										
	瀏覽前一天看的書	5										
	看外文書	30										
	以英文自我對話	5										
	以中文自我對話	5										
晚上	日記（私事＆工作）	3										
	明天的預定行程	1										
	整理桌面	1										
	唸出目標	1										
	看一本書	30										
	○○○○○	1										
	深呼吸（瞑想）	1										

I am the Web-maker shining the spiritual web in the whole universe.
Everyday, in every way, I'm getting better and better.
I live in an attitude of gratitude and I give much more to others than I expect back.

自我理想價值觀

以愛對待所有的人、事、物。
猶豫的話就一頭栽進去，一頭栽進去之後就做到底。
擁有沒有壓迫感的威嚴。
○○○○○
○○○○○

今年的目標

心靈　捐出版稅和公司盈餘做公益
○○○○○
○○○○○
技能　學會長壽飲食療法視診技巧
○○○○○
○○○○○
身體　持續騎腳踏車上下班
○○○○○
○○○○○

本月的目標

心靈　○○○○○
○○○○○
技能　○○○○○
○○○○○
身體　○○○○○
○○○○○
其他　○○○○○
○○○○○

中長期計畫

50歲之前
○○○○○
○○○○○
40歲之前
前進中國
前進英語圈
○○○○○
○○○○○

※這份格式能夠從SynergyPlus股份有限公司的網站下載。

（doing）？」以及「理想中的自己、想變成什麼樣子（being）？」

舉例來說，我的自我勉勵句子是：「I am the Web-maker shining the spiritual web in the whole universe.」（我是賦予這世上所有事物光芒，並創造出交集的人。）

自我勉勵的句子，只要符合自我表現就可以了，其他人聽不太懂也沒關係。例如：「我是賦予身邊所有人朝氣的太陽。」或者像「我是幫助人們成長、溫暖人心的熱騰騰白飯。」之類也無所謂。

重點是，當事人是否確實明白句子的意思。

順帶一提，我的自我勉勵句子的後半部是：「Everday, in every way, I'm getting better and better.」（每天、在各個層面，我都會有所進步。）在這當中，我活用了人稱「自我勉勵之父」艾米爾·寇艾（Emile Coue）所提倡的句子。

另一個**自我理想價值觀**，一言以蔽之就是：**「對自己而言理想的價值觀」**。只要每天將自我理想價值觀和自我勉勵的句子唸出聲，就能對潛意識發揮影響力，讓大腦下意識地慢慢朝理想中的自己邁進。

譬如，今年的目標之一是：「達成銷售額○○圓，提升○○%的獲利。」一年後再重新回顧，如果在數字上達成了目標，但達成目標的自己若和理想中的自己有出入的話，難免會讓人感覺有點空虛。

換言之，**為了活得快樂，活出理想的自己，有時候比達成目標更重要**。正因如此，想像自己理想的樣子就顯得非常重要。**一旦透過自我勉勵改變自我認知，言行舉止和決定也會自然跟著改變，連帶地也會改變往目標邁進的每一個行動**。

早晚朗誦一次目標。

（所需時間：早晚各一分鐘）

試著努力「一分鐘」

經常有學英語會話的學生，或接受訓練課程的客戶問我：「我怎麼也提不起勁，該怎麼辦才好？」

視對方的狀況而定，有時我會回答：「先試著全力以赴一分鐘，如何？如果能夠認真一分鐘，當天就算自己過關！」

舉例來說，如果是正在學英文的人，就試著背一個新單字，或是念參考書，甚至是看之前所做的筆記。總之，**在東想西想之前，先試著坐在書桌前一分鐘**。

又例如，在論文或報告非交不可的情況下，先試著面對電腦寫下第一行字。不一定要是開頭的第一行，只要是一行句子即可。

事實上，在大部分的情況下，花一分鐘展開這些小行動之後，就能啓動做事的幹勁。若是能夠認眞努力一分鐘，接下來要持續五分鐘、十分鐘、三十分鐘，甚至半小時以上，都不是難事。

我們往往會不由自主地認定自己是依據情感和意志在行動——因爲愉快而笑，因爲難過而哭；肚子餓了想吃飯，所以用餐。

確實，像這樣依照情感和意志而行動的例子，平常應該不少。然而，實際上，相反的模式也很多。

譬如難過的時候，只要試著擠出笑容，心情就會好一點；就算沒有食慾，一旦吃了幾口東西，就會更想吃。

日常生活中有許多行爲改變情緒的例子，如果想要提升幹勁，就要利用這個特性。換句話說，先展開行動，幹勁就會隨之而來。一直提不起勁，光是等待，永遠也不會有改變。

總之，「現在」就開始面對書桌，先試著花一分鐘認真努力做做看。一旦開始行動，幹勁自然會隨之產生。

花一分鐘坐在家裡的書桌前。

（所需時間：一分鐘）

每天做一件沒做過的事

每個人都曾有過類似以下不安的心情：對於目前的工作雖然不是毫無怨言，但還沒有到想換工作的地步；一切都還算滿意；可是，卻看不見將來的目標和夢想，不知道再繼續這樣下去好嗎……？

這時候，建議**每天一點一點地為自己添增一些變化**。什麼都可以，先從小改變開始著手。舉例來說，少看半小時的電視，試著改看書。雖說是試著做做看，但也不必每天持續進行。例如：「今天就姑且少看半小時電視。」如果做到了，就能多一點自信，只要覺得「我辦得到嘛！」就夠了。

或者，可以試著換一個和平常不一樣的髮型。如果想徹底改變，當然也可以毅然決然地大膽嘗試，但如果有所顧忌，先從小改變開始也無妨。

新髮型若是被稱讚「很適合你」，心情一定會變得更加積極。但即使身邊沒有人表達任何意見，也無所謂，因爲意識到「自己正在改變」，才是最終的目的。總之，**不要因為害怕跨出一大步，而停留在原地。縱然是一小步也無妨，姑且先試著踏出第一步**。

持續每天不斷地替自己增添一點小變化，會更有自信，而自信會再帶來更大的變化，甚至激起接受挑戰的鬥志。也就是**形成一個「小改變→成功→自信→更大的改變→成功→自信→挑戰……」的良性循環**。

「變化」往往也是指「擺脫一成不變的日常生活」，所以即使一開始的改變有點七零八落，也完全不要緊。

那麼具體來說，可以做些什麼改變呢？

我就以自己目前正在執行的幾件事來做說明吧。其中之一是：**每天嘗試**

一件新事物。我提醒自己，**每天都要體驗一件有生以來從未做過的事**。

雖說是新的嘗試，但其實任何小事都可以，比方說：買新上市的飲料。就算當下有其他更想喝的飲料，也要刻意讓自己嘗試新的產品。雖然可能會不合口味，但也有可能因此發現好喝的飲料也說不定。這就是一個小改變。

或者，可以在便利商店買東西時，順手翻翻之前沒看過的雜誌。就算只是隨便翻閱一下也無妨，像我有時候也會瀏覽女性雜誌。如此一來，可以瞭解之前沒注意到的社會脈動，同時還能活化右腦。

此外，**改變上班路線**也是一種小變化。最近，我開始騎腳踏車上班。在這之前，除了週一公司公休之外，我都會從下北澤搭電車到位於新宿的公司上班，但我不會使用月票，因爲月票會讓人受限於特定的路線，若是每天往返同樣的路線，就容易產生「人生陷入例行公事中」的感覺。

倘若不用月票，就能隨性改變路線，可以提前一站下車，也可以多搭一站再下車。雖然這樣交通費多少會比較貴，但只要把它當成是「發現新事物的費用」，反而會覺得是一項格外便宜的投資。

我不買月票還有另一個原因：不讓每天通勤上班淪爲一種習慣。不使用月票，就會覺得「我可以隨時跨出腳步，邁向不同的道路」。

像這樣**不斷確認「自己沒有陷入例行公事中」，工作也會變得比較有挑戰性**。不只是搭電車，連騎腳踏車和從車站走到公司的路線，我也會每天改變，有時試著改走另一條路，有時稍微繞遠路。光是這小小的改變，就能擊退「慣性」，讓每天上班都有新鮮的心情。或許這麼說有點誇張，但只要能在回家的路上發現新事物，我就會深刻感受到自己不是靠慣性而活。

星期一公休日，我大多和妻子一起度過。我們之間有項規定，那就是：假日要做之前沒做過的事。我們大部分會去從沒去過的餐廳用餐，或者兩人一起試做沒煮過的菜。這都算是一種新的小嘗試。

像這樣留心於「每天嘗試一件新事物」，大腦自然會萌生「我每天正在改變」「我每天正在成長」的自覺。看到正在改變的自己，會令人心情非常愉悅，至少比陷入例行公事中裹足不前的自己，更令人感到愉快。

這種「愉悅」「快樂」或「有趣」的感覺，非常重要。若是**每天做點小改變，「離心力」就會漸漸發揮功效**。不斷累積小改變，就會對自己產生自信，而自信會成爲引發下一個更大改變的動機，有朝一日終會變成主動接受挑戰的動力。這一連串反應的根本，都是基於「改變很愉快」「改變很有趣」的感覺。一旦有了這些感覺，身體也會跟著順應新的改變。

當改變不斷累積，就會喜歡上「日漸改變的自己」，目標也會逐漸變得明顯，並因而產生動力。所以，不妨先試著做點小改變，就從每天「新的小嘗試」開始吧！

今天起走和平常不一樣的路線去上班。

（所需時間：零分鐘～）

「衝刺五分鐘」與「慢跑十分鐘」

我會將「創造一開始的小契機」概念，同樣活用在工作上。譬如，你是否會陷入以下的狀況：明明有長期的執行計畫，卻遲遲沒展開具體的行動；或者雖然工作不急於一時，但是早晚都要做，卻一直沒動手。

我以前也經常遇到這種情形，特別像是新業務計畫這種沒有迫切期限的工作，總是會不小心一拖再拖。然而，意想不到的是，這些沒有迫切時間性的工作，往往都很重要。因此，我會在每天的工作項目中加上一項：**衝刺五分鐘**。

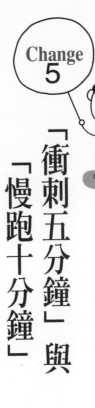

衝刺五分鐘指的是**每天早上至少認真花五分鐘的時間，處理一些進度被往後挪、或沒有迫切期限的重要工作**。

面對大型的案子或新工作時，我們往往不曉得到完成爲止需要花多少時間，也難以估計會耗費多少精力。但即便如此，還是要提起幹勁，先花五分鐘試著做做看。換句話說，就是姑且全速「衝刺五分鐘」。

「衝刺五分鐘」這句話包含了「全力以赴」的意思。**即使只有五分鐘，一旦全力以赴，就能看見之後的進展**。

舉例來說，有時預計要花很多時間的工作，一旦實際開始試著做之後，經常會發現大概只要一個小時就可以完成了。像這樣藉由「衝刺五分鐘」瞭解整個狀況之後，就可以把工作直接排進當天的預定行程中加以完成。

當然，不見得每項工作都是一小時就能完成，有時要花上一個星期，甚至是一個月以上的時間。儘管如此，不妨還是先試著花五分鐘瞭解大致的狀況，估算出所需耗費的時間，以便將工作具體排進往後的行程當中。

面對工作，若是放著遲遲不行動，心裡就會一直存有莫名的不安。然而一旦「衝刺五分鐘」之後，不安的心情就會跟著消失。如此一來，工作的困難度會頓時減少，心情也會比較舒暢，對於其他工作的執行效率，也有提升的作用。

除了「衝刺五分鐘」之外，我每天的工作項目中，還有一項叫做**「慢跑十分鐘」**，指的是**每天早上最少花十分鐘的時間做「思考性的工作」**。

我們每天往往容易被眼前的事情追著跑，光做一些勞動性的事，當身體感到疲憊，一不小心就會沉浸在「今天也工作了」的自我滿足中。

可是，在工作中，還有比勞動性事務更重要的事：思考。除了勞動性的工作之外，還要「思考」怎麼讓效率變得更好，該怎麼做、用什麼方法，才能讓客戶更高興。有時當腦海中浮現新的想法，往往也需要「思考」，讓想法能進一步化爲具體的工作流程。

然而，像這些**明明應該是最重要的「思考性工作」，卻會在無意中因為我們嫌麻煩，而被一再延宕**。這也就是爲什麼我會將**「一開始至少先思考十分鐘」**的步驟稱爲「慢跑十分鐘」的原因。

「慢跑十分鐘」的進行，具體而言，首先要面向筆記本，將精神集中於思考。以我來說，我會參考托尼．布詹（Tony Buzan）在《思維導圖》（*Mind Map*）中所提出的方法。簡單來說，就是把主題寫在筆記本正中央，再把從這個主題聯想到的事，以放射狀的方式寫下來。

這時千萬不可使用電腦，一旦使用電腦，就難免會有做文書處理的感覺，變成只是在敲鍵盤，其實根本沒什麼在用腦。

事實上，在進行了「衝刺五分鐘」和「慢跑十分鐘」之後，我處理掉很多手上原本束之高閣的工作；不少接受我商業訓練的客戶，也都開始採用這種作法。

空有想法，卻一直沒有付諸行動的企畫；或者是明明知道該做，卻在無意中一拖再拖的工作……面對這些問題，你需要的不是綿密的計畫或堅強的意志，而是一開始微不足道的一個小契機罷了。

針對很重要、卻沒有期限的案子「衝刺五分鐘」。

（所需時間：五分鐘）

One Person, One Action

每天的一點「小變化」，也可以是指「展開一個小行動」。以我來說，我告訴自己，**每次新認識一個人，一定要展開一個行動**。

舉例來說，在酒宴上難免多少會聊起電影的話題，像是最近看過哪部電影很有趣、喜歡哪一類的電影等等。像這種時候，如果大家聊到的是我還沒有看過的電影，酒宴結束後，我一定會順道去影視出租店，把該部電影的DVD租回家看。重點是：在當天回家的路上就直接去租。一旦想說改天再租，就會不小心忘記，或者熱情減退，結果還是沒看。

同樣地，聊到「看了哪本書」的話題時，我也會馬上去把書買回來看。

假如在書店買不到，或者書店已經打烊，就在當天立即上網訂購。

此外，工作上交換名片時，基本上我也會要求自己，在當天內就要寄出問候的電子郵件給對方。如果當天眞的沒辦法，在把對方名片收進名片夾歸檔之前，也一定要寄出。

只要認識一個人，就展開一個行動，並一直延續到下一個行動產生。我開始這麼做，是因爲《重播》（*Replay*，肯恩．葛林伍德著）這本小說。

當時，我還在教育類出版社工作，有一次從大阪出差回家的途中，在新幹線上看了這本小說。書中描述主角在四十三歲去世之後，在記憶和智力都完好無缺的情況下，回到了十八歲。由於他知道自己接下來會發生什麼事，於是便玩股票、賽馬，藉此大撈一筆，開啓他的第二段人生。接著，他又在四十三歲去世，然後，又回到十九歲……

看完這個故事之後，不知道爲什麼，我開始留意起身邊的偶發事件，也開始在筆記本上寫下自己的人生紀錄。

首先，我開始思考自己爲什麼會進入這間公司（當時工作的出版社）？

我曾經一度想從事海外函授教育的工作，但留學中國期間，在北京遇見的N改變了我的想法；他就曾在後來我任職的出版社工作過。再說到我爲什麼去中國，是因爲前一年去土耳其旅行時，遇見一個日籍背包客H，聽他說起去中國的經驗。而我之所以去土耳其，是因爲看了澤木耕太郎的《午夜快車》；推薦我看這本書的，是大學社團的學長I；會加入那個社團，是因爲我一臉無精打采地走在校園時，I學長上前來跟我攀談……

像這樣不停地回溯過去的遭遇，甚至**可以追根究柢地挖掘出很久以前的事**。例如：高中之所以參加手球社、打進高中盃，是因爲入學考時沒有考上第一志願的高中。

最後，我回溯到「自己爲何出生」的部分，那當然是因爲父母親相遇。他們是在某家書店相識的，也就是說，是因爲那家書店的老闆開店營業，我

回溯人生的遭遇

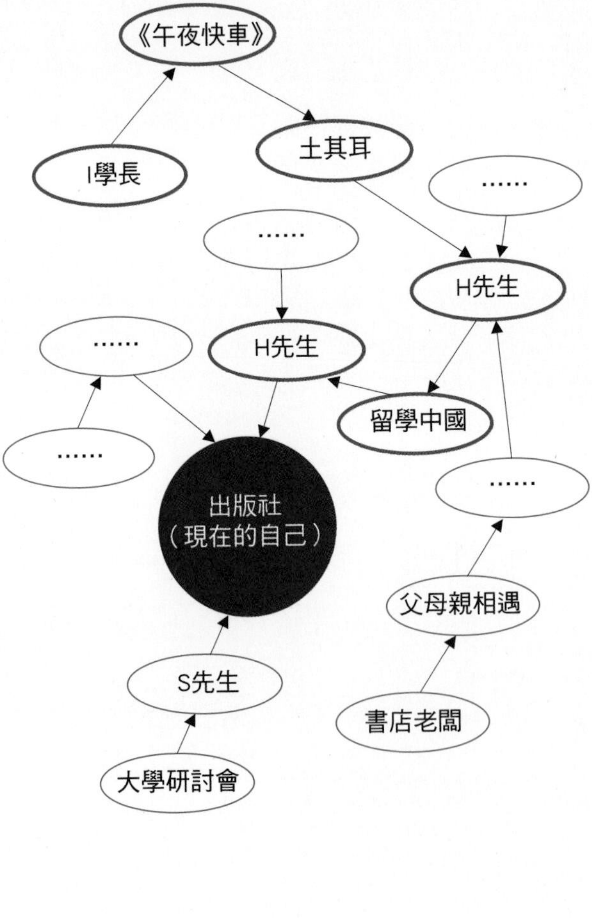

才會存在這世界上。

像這樣不斷思考的過程中，就能重新切身感覺到：「**噢，原來這世上的事物全都是有關連的。**」若是如此，假如我現在對眼前發生的事展開行動，盡量多製造一點關連性，一定可以讓人生變得更有趣、更多采多姿。

這無關好惡或個人推崇的喜好，只要拋開利益得失，和外界產生關係就可以。就算不曉得會怎樣發展，但如果不展開行動，關係就會中斷。

哪怕是一小步也無妨，只要展開行動、維繫關係，凡事大多會往好的方向轉變，不是嗎？我就是懷著這樣的想法一路走來，而最後，我想我遇見了許多讓人生好轉的「小改變」。

將當下的話題書或電影買回或租回家看。（所需時間：一分鐘～）

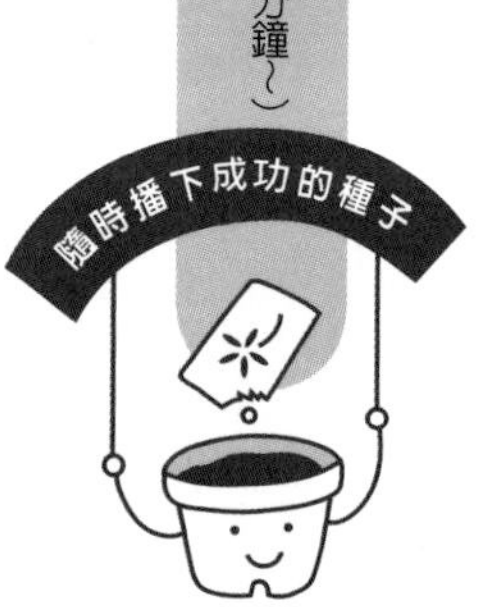

不把「忙」或「閒」掛在嘴邊

大腦對語言是很敏感的。舉例來說，你的失誤造成了公司損失，這時，上司對你說了這麼一句話：「爲了避免往後重蹈覆轍，請你仔細思考自己哪裡做錯了。」

一旦被人這麼說，大腦就會把焦點集中在自己不好的部分，而心情也會愈來愈往負面的方向發展。

但是，如果上司說：「爲了避免往後重蹈覆轍，請你仔細思考接下來還能做什麼。」這時，大腦會把焦點集中在自己今後能做什麼上面。或許思考過程中也會發現自己的缺點，但最後心情大致還是會朝正面方向發展。

若在現實生活中面對這種狀況，當然還是必須把焦點集中在問題上，好好反省。不過，即使最後想到的因應方法是一樣的，但在思考過程中所產生的情緒，將會大幅影響往後的動機。雖然上述兩種說話方式意思幾乎相同，但是**大腦對於表達方式的些許差異，仍會做出敏感的反應**。

大腦就是如此容易受語言影響的器官，而語言也會深刻影響心理層面。所以我平常都很注意遣辭用句。比方說，我會**盡量避免使用「非～不可」的表達方式**。

每當腦中浮現「非～不可」的字眼時，我都會把它改成「想～」的說法。例如：不是「非念書不可」，而是「想念書」；不是「收到禮物後非道謝不可」，而是「想道謝」。

「非～不可」的說法，會令人產生義務感，而延誤到行動的展開。心情和行動，都會因爲一句話而改變。

當然，有時候不管怎麼做，就是很難擺脫義務感。在這種情況下，可以先思考行動的目的。舉例來說，如果很難把「非念書不可」想成「想念書」，這時可以想像念書之後的結果，在心中默唸著：「爲了～所以我想念書。」這就叫做**「鞏固目的」**，相當有效。

此外，**目標要使用肯定句來表達**。例如，若是設定「不貪睡、不晚起」爲目標，潛意識就會浮現貪睡晚起的畫面，結果還是經常這樣做。換句話說，目標的表達方式，重點就在於要用肯定句。例如：「從明天起，每天早上五點起床。」

另外，也要少用「忙」或「閒」這種字眼。「忙」的寫法是「心」＋「亡」，是會引發負面情緒的字眼。如果被人問到：「你最近忙嗎？」這時就要回答：「托您的福，我過得很充實。」

「閒」這個字在商務上也不怎麼吉利，所以即使很閒，也要對自己說：

「最近能看書的時間增加了。」藉由這樣的說法，讓「很閒」這件事發揮正面的功效。

如上所述，大腦會下意識且相當誠實地對語言產生反應。所以要盡量避免使用負面字句，若是差點脫口而出的話，就要立即改用正面說法去表達。

以肯定的表達方式說出目標。

（所需時間：一分鐘）

不得不做，才會進步

「三宅先生，你這是過著禁欲的生活啊！」

每當我提起自己每天早上會以分鐘爲單位擬定行程、持續完成早晚的例行公事時，經常有人會這麼說。可是這樣的說法，其實偏離了我所認定的自我形象。

我原本就是個懶惰的人，一旦鬆懈，就會懶散度日，逐漸追求起輕鬆的日子，跟禁欲沾不上一點邊。眞要說的話，我的優點是「十分清楚自己是個懶惰蟲」。

正因爲我很懶，所以我經常刻意把自己逼入「不得不做」的狀態。我非常清楚自己「如果可以不做就不做」的習性，因此，在學習語言、工作或處理日常問題時，我會刻意讓自己置身於只能放手一搏的「懸崖」狀態。

舉例來說，拔掉電視機插頭就是其中一個例子。一開始這麼做，是爲了準備大學考試。因爲一旦插上插頭，我就會開始懶散地一直看電視，浪費時間。所以後來，每當我想集中精神念書或工作時，就完全不看電視。

剛開始，我只是提醒自己「不要看」。但光是如此，根本完全無效，每當想轉換心情的時候，手就會不知不覺伸向電視開關。因此，我決定連插頭一起拔掉，將拔下來的電線纏在捲線器上，丟進壁櫥裡。這全是因爲我自覺是個無法遵守自我戒律的懶鬼，於是索性刻意將自己置身於嚴苛的狀況中。

大學時，我爲了擺脫散漫的學生生活，下定決心到中國留學，當初也是爲了想讓自己處於嚴苛的狀況中。

在這之前，我從沒去過中國，學習中文的經驗也是零，不過既然要做，我想挑戰沒什麼人會做的事。我決定到一個生活上可能需要稍微吃點苦的地方，用的語言雖然不是大家都會說的英文，但若是世界共通的語言也不錯。

基於這種理由，我選擇了中國。我從日本出發，抵達北京機場時，會說的中文只有「你好」，以及從一數到十。因此，我費了好一番力氣，才從機場到達學校宿舍。

我不曉得機場哪裡有搭計程車的地方，而當時在中國幾乎沒有人會說英文，所以即使我好不容易找到搭計程車的地方，比手劃腳半天，也沒辦法告訴司機學校的地址。就連後來到了學校，光是找宿舍，也花了我一番工夫。

費盡千辛萬苦抵達宿舍後，我對著前來玄關迎接的管理員阿姨說：「我是日本來的留學生。」當然，我不會說中文，只能試著拼湊出會寫的漢字。

阿姨接著說了一堆，但是我完全聽不懂。碰巧那時有韓國留學生經過，以一口破英語和我溝通、替我轉達，這才勉強找到了我的房間。

才剛抵達，就前途多難。身處在周遭沒有任何日本人的環境中，我後來持續好幾個月的吃苦當吃補，才逐漸習慣。

不過，這正是我引頸期盼的狀況，正因置身於如此辛苦的處境中，才有許多事情都能豁出去做，更因此得以認眞地學習中文。

其實在出發之前，我就隱約知道，如果眞的到了中國，自己大概就會認眞念書了。因爲不得不做，所以才能忘我地往前衝。

我高中隸屬於手球社，那是一支實力直逼高中盃的強勁隊伍，教練非常嚴格，每天的練習累得要命，痛苦極了。

然而，我抱持著必勝決心，咬緊牙根，反覆練習，最後打進高中盃時，我高興得淚流不止。我有幸體驗到了「努力的成果，是贏得目標」的莫大感動。

從那時候起，我就開始有了自覺。我發現自己一旦置身於「非做不可」的狀況中，就會自動設法去做。於是，我刻意站上懸崖，讓自己置身於只能前進、不能後退的處境，並且激勵自己：接下來只能埋頭去做了！

不得不做的狀況，不見得要是留學這種大事。面對新的工作企畫案時，即使沒有自信，也可以舉手說：「我來做！」或者可以向身邊的好友宣告：「明年TOEIC我會考九百分。」只要像這樣把自己丟到「非做不可」的狀態中，行動自然會隨之產生。

拔掉電視插頭。

（所需時間：三十秒）

第二章

CHALLENGE

挑戰，

為生活加點新鮮感！

One Book, Three Points, One Action

最近，我決定把便利商店找的零錢，包括身上所有不到五十圓的銅板，統統投進商店裡的募款箱。

大部分便利商店都會在收銀機旁放置募款箱，我會把買東西找的零錢，以及當時錢包裡的十圓、五圓、一圓銅板，統統投進裡面。

我們經常聽人說：「最好把收入的十分之一捐出來。」賺到的錢，不要全部用在自己身上，如果把一部分用在別人身上，這份功德就會輾轉回報給自己。不過，眞要實際付諸行動，卻相當困難。但如果只是在便利商店捐出零錢，則還算簡單。

假設一天去便利商店兩次，每次都捐款，一天差不多就是捐一百圓，一個月就有三千圓，一年下來則是三萬六千圓。一次要一口氣捐出三萬六千圓，或許需要一點勇氣；但如果是每次捐出不到五十圓，就能輕鬆做到。而且每天還能因爲做了一點善事，而有幸福的感覺。

莫因善小而不為。即使每次都是小事，當下立即付諸行動的人，和完全不做的人，幾十年後的人生，將會產生莫大的差異。

想做的事即使微不足道，但如果馬上去做，就能實現。我的朋友水野敬也在所寫的《夢象成眞》一書中，就有提到「在便利商店捐款」這件事。在讀過那本書之後，我心想：「噢，原來如此！這眞是個不錯的捐款方式。」於是決定予以實踐。

我看書時會提醒自己：「One Book, Three Points, One Action.」意思是：

從一本書中找出三個重點，並在讀過之後，展開一個具體行動。

讀完《夢象成眞》後，「在便利商店捐款」便成了「One Action」（至於這項捐款的舉動如何進一步對我的人生有所幫助，稍後將加以敘述）。而前面提到的「從搭電車改成騎腳踏車上下班」的習慣，也是最近讀了《新・知識生產術》（勝間和代著）後所做的改變。

如果能像這樣從書中獲得行動的啓發，算起來，買書實在是一項非常划得來的投資。通常單行本大約是一本一千五百圓左右，**如果去喝酒，一次就要花掉三千圓，而買書卻可能買到能決定自己一生的作品，這樣想想，實在是非常划算**。所以，我可以毫不吝惜地不斷把錢投資在買書上。

接下來的步驟是，把從書中獲得的啓發付諸行動。說得極端一點，我認爲**比起「看完一本書，獲得十個知識，卻毫無行動」，「即使只有一個知識、或者毫無所得，卻展開一個行動」更為重要**。所以我在看書時，除了從書中找出三個可能是重點的知識之外，也會刻意尋找書中有沒有任何能付諸行動的重點。

另外，看到認爲是重點的地方時，我並不會畫線。因爲看書時不見得隨時都拿著筆，而且一一畫線，會打亂看書的步調。

相對地，覺得是重點的地方，我把那一頁的角摺起來。**以直寫右翻的書來說，如果右頁內容有重點，就摺右頁上角的部分；如果在左頁，就摺右頁下角的部分**（如果左右兩頁都摺角，下一頁又想做記號時，摺的地方就會重覆），以這樣的步調不停地往下看。

接下來，看完書的當天晚上，我會再花五分鐘左右，大略地重新瀏覽摺角的那幾頁，這時我才在重要的地方畫線，並且在隔天早上，再看一次畫線的地方。在此同時，我也會把腦中靈光一現的具體行動寫在書後面或是行事曆上，這麼一來，書中的重點就大致都能留在腦海裡了。

此外，**看書要以三本同時並行的方式閱讀**：一本是和工作有直接相關的書；另一本是雖然和工作沒有直接關係，但對於商管方面可能會有所幫助的書；最後一本則是小說等和工作完全無關、能豐富心靈的書。

我當然也喜歡工作，但是一旦全神專注於工作，創意就會變得狹隘。特別是待在企業這麼一個狹小的組織中，如果只做自己的工作，視野就會在不知不覺中也相對變得狹窄。

這時，**藉由刻意閱讀和工作沒有直接關係的書，刺激想像力和好奇心，將能對工作有所幫助**。所以，不要只看商管書，也要閱讀其他和工作沒有直接關係的書。當然，更別忘了要由衷地樂在其中。

將本書54頁摺角，作為實踐One Book, One Action的行動。

（所需時間：五秒鐘）

每個月丟掉二十八樣東西

我家每個月都有一天名爲**「丟掉二十八樣東西之日」**。在這一天，可以藉由丟棄，製造出添增新物品的空間，替生活環境帶來變化，改善家中的循環。

這是從一本國外書籍中得到的點子，我已經忘了那本書的書名和作者，書中寫到：「每個月丟掉二十八樣東西。」我心想這個點子不錯，於是決定實行「One Book, One Action」的行動，將它學起來。

原則上，每個月的第一個星期一，就是我家的「丟掉二十八樣東西之日」。這名字聽起來工程浩大，但其實前後所花的時間頂多半小時。我和妻子會各自負責找出十四件要丟棄的物品，例如看過的雜誌或書籍、抽屜裡不再使用的檔案夾和信封、不再穿的衣服等。

將這些要丟棄的東西放進垃圾袋時，我一定會心懷感謝地向它們說聲「謝謝」。

之所以這麼做，是爲了**藉由丟棄，在生活中添加新的元素**。一般家庭中，書櫃、櫥櫃等收納空間大多塞滿了東西，我家以前也是如此，到處都塞得滿滿的，幾乎沒有新物品可存放的餘地。

但是，在訂下了「丟掉二十八樣東西之日」後，整個家有了煥然一新的改變。

光是每個月一次、丟棄二十八件物品，書櫃、抽屜、櫥櫃等地方就能清出些許空間。一旦能清出收納空間，心情也會變得比較從容。

簡單來說，就是**「讓空間更有生命力」**。

藉由定期檢查書櫃和抽屜，也可以發現以前看過覺得很感動、如今卻完全忘記它的存在的書；或是找到列印好想送給朋友、卻忘了給的照片等。

另外，「丟掉二十八樣東西之日」也可以養成「先丟棄的習慣」。一般人總是會等到東西滿了，才想要整理；垃圾桶也是等堆滿了之後，才趕緊拿垃圾去丟。

然而，在人生或商場上，這種思考方式很難行得通。以我爲例，我可以有效率地應付演講或研討會等短期的工作，可是一旦受限於眼前的收入，被短期工作追著跑，就沒有心力去接中長期的新工作。

事實上，**即使這些短期工作是主要的收入來源，但只要推掉，就能製造出其他新的工作機會**。藉由先推掉舊工作，就有心力處理新工作。若想等到新工作確定之後，再推掉現有的工作，這種想法，大概永遠也不會等到下一份工作吧！

這樣的事情說很容易，實際付諸行動卻需要相當大的勇氣。所以，**平常就要事先養成「先丟棄的習慣」**，讓習慣深植體內，一旦遇到緊急情況時，就能迅速展開行動。

今天開始，先丟棄一件物品。

（所需時間：一分鐘）

沒有準備也要勇於嘗試

有一次，母親打電話跟我說：「怎麼辦，事情讓我有點困擾。」儘管電話另一頭的語氣聽起來並不是很慌張，但確實比平常略顯不安。

我母親在家裡開了一間拼布教室，起先她是因爲有興趣而開始做拼布，後來漸漸把它當作一回事；我念高中時，她索性把家裡改建，開始賣拼布材料和經營教學教室。

最近，她的作品被刊登在某雜誌上，有個澳洲人看了之後和她連絡，希望她務必能以講師的身分到澳洲授課。因爲學生全都是澳洲人，所以上課當然得用英文。

母親是直到快六十歲時，才開始學英文。起初只是趁著拼布工作和家事的空檔稍微學一點，後來她接受了會說幾句英文的父親建議，開始認眞學習。然而，即使持續每天晚上努力不懈，她的英文仍然只有國中程度左右而已。

如此英文不熟練的母親萬萬沒想到，竟然有人邀請她到澳洲擔任講師。

「我是很想試試看，可是英文說得不好……怎麼辦？」她說。

「話是這麼說，但妳想去，不是嗎？這是多棒的機會啊！」

「是沒錯啦……」

對我來說，當新的機會找上門時，即使沒有萬全的準備，我也會舉手說：「我要做！」如果凡事都要等到準備就緒才進行，永遠也無法往前衝，而機會就會在你還在準備的期間溜走。

相反地，即使尚未準備就緒，只要有「想做」的心情就足夠了。只要勇往直前，之後船到橋頭自然直，人總會努力想出辦法解決問題的。

我並沒有這樣開導母親，但最後，她還是決定接受邀請。一個六十多歲的歐巴桑，獨自一人啓程前往澳洲，最後她成功地完成工作，凱旋歸國。

如果她當時只想著，要等到說得一口流利的英文再說，大概就無法像現在這樣展翅翱翔了。「即使只有國中程度也沒關係，就算幾乎聽不懂對方說什麼也無所謂。」正因爲她這麼想，才能振翅高飛。

看到這時的母親，我學到了只要努力，跳躍的機會就將來臨；而一旦開始努力，永遠不嫌晚。這件事也讓我更加確定：**縱然沒有自信，如果機會來臨了，那就是老天爺下達的行動指示，應該要毫不猶豫地往前衝。**

列出自己覺得不可能做到的事。

（所需時間：五秒鐘）

你喜歡怎麼做的自己？

隨著每天努力爲自己增添變化，就會喜歡上「進入挑戰模式」的自己，不但會因此產生動力、看見目標，甚至還能對目標充滿自信。

可是，一旦決心往目標前進，往往就會開始有所猶豫。例如想換工作、增加資歷時，一旦實際面臨要辭掉目前的工作，就會開始遲疑：「換工作眞的好嗎？」

像這樣**為了「要選A或選B」而煩惱時，我會事先分析優缺點，確定自己的目標，然後以「我喜歡怎麼做的自己？」來作為衡量的標準。**

「在新公司不見得能順利發展。我會喜歡因爲害怕失敗、而放棄換工作的自己嗎？還是喜歡雖然擔心會失敗、但依舊想試著接受挑戰的自己？」

——我會喜歡怎麼做的自己？

當然，我也會縝密地分析其中優缺點，不過最後還是會單純回歸到以對自己行動的接受度爲依據，來思考孰優孰劣，最後選擇能對自己的決定感到歡喜的一方。

我把這個標準運用在生活中的各個場合，比方說，餐廳菜單上有紅燒時蔬和燉秋刀魚套餐。這時我會思考：我很喜歡吃秋刀魚，但是前一晚已經吃過了；再說，我喜歡每天都做點不一樣的新鮮事，也想好好愛惜自己的身體。所以最後，我決定點紅燒時蔬套餐。

當然，不光只是好惡，有時必須以更多元的角度思考。以換工作來說，若是站在養活一家人的立場，實質收入就會是重要的判斷依據之一。如果沒有把這點列入考慮，光憑好惡決定，經常會做出錯誤的判斷。

像這樣的情況，就必須先一一審視各種判斷依據。如果最後仍感猶豫，就試著自問：「我喜歡怎麼做的自己？」基本上就能做出正確的判斷了。至少，做了判斷之後也不必後悔。

「我喜歡怎麼做的自己？」是一個能隨時隨地、隨心所欲使用的選擇標準，大家不妨先試著活用在日常生活的小狀況中吧！

以「我喜歡怎麼做的自己？」作為依據來選擇菜單。（所需時間：一分鐘）

一頭栽進去的勇氣

當年我從大型教育類出版社離職時，經常有人對我說：「虧你能做出這種高風險的決定。」

我在二十七歲時，受到「生涯規劃學苑」當時的董事長委託，希望我成爲學苑總公司的共同負責人。因爲他要暫時留學海外，所以想拜託我在那段期間擔任校長，代表公司。

我以前曾受過對方的照顧，對他很尊敬。能獲得他的委託，令我感到非常光榮，而且他所提出的工作內容也十分有意義。不過，接下那間以領導魅力為管理核心的公司及學苑共同負責人的角色，就某個層面而言，就好比是有人「希望你代替木村拓哉來扮演木村拓哉」。而且當時那家公司並非很穩定，將來也不見得有保障。

從具有一定知名度的某大企業離職，接下那間學苑校長職務的我，或許的確是做了一個高風險的決定。那麼，為什麼我能夠如此下定決心呢？

當然，我那時非常頭痛，不斷思考著各種決定的優缺點、人生的目的等。煩惱了半天之後，我得到一個想法：「假如接下負責人的工作，**五年後的自己，會過著什麼樣的生活？**」

但我就算想破了頭，也無法想像；未來就像是充滿了未知數，完全無法預期。

另一方面，對於繼續待在出版社五年後的未來，我卻多少可以想像。從進入那家出版社開始，我就對國外的函授教育感興趣，很想在該領域發展，而且最好是我所熟悉的華文圈。所以五年後的我，一定會想辦法進入台灣分公司工作，過著相當充實的生活。

不過我也在想，五年後的我是否會思考：「假如當時接下校長的工作，現在會變成怎樣呢？」對於充滿太多未知數的未來，除非親自走一遭，否則絕對無法想像。

猶豫的話就一頭栽進去，一頭栽進去之後就做到底。

這就是我的信念。在下定決心換工作之前，我會分析各種決定的優缺點，以「我喜歡怎麼做的自己？」為標準來衡量。如此一來，答案就會顯得簡單明瞭了。

我喜歡自己向無法預見的未來挑戰，所以最後，我決定接下生涯規劃學苑的工作。

如今回想起來，或許是因爲年輕，才能做出如此高風險的決定。然而，再仔細想想，**只要還待在日本，許多決定都稱不上是「有風險」**。

當時，生涯規劃學苑位於東京的青山，我每天上班都會經過附近的代代木公園。公園裡住著許多遊民，我原本以爲他們過著辛苦的生活，但天氣好的時候，我卻發現他們會將棉被掛在公園的欄杆上曬太陽，一群人在一旁愉快地用餐。

那些遊民過的絕不是輕鬆的日子，說不定他們並不是心甘情願選擇那樣的生活。可是，如果只把焦點放在「過生活」的話，在代代木公園也能活下去，這就是日本富庶的象徵。

我曾揹著背包到世界各地旅行過好幾次，旅途中，曾在亞洲、非洲等發展中國家，看到在日本無法想像的情景。在印度德蕾莎修女身邊做義工時，我也接觸了許多因爲生病、只能等死的人。

相較於這些人，光是身爲日本人、生活在日本，就是非常幸福的事。

在日本，有時我會忽然深刻感覺到，光是待在這個國家，就能三餐無虞，而且受到社會安全網的保護。當然，日本也有一籮筐的社會問題，像是貧富差距、年金問題等，我們絕對無法忽視日本也有難以生存的地方。但只要待在日本，餓死街頭的機率可以說是極低。既然如此，**開始猶豫不知該如何抉擇時，就應該一頭栽進去；如果機會來臨，就應該放手去做**。

身在能做的環境中卻不做，會對不起身在想做卻不能做的環境中的人。既然難得有幸能生在日本，若不活用機會，未免可惜。**我們需要的，只是在安全網上跳躍的勇氣罷了**。

上網查詢「全球的平均壽命」。

（所需時間：一分鐘）

想辭職，就請假蹺班去！

剛踏入職場的某天早上，一個念頭忽然在上班途中閃過我的腦海：「假如我請假一天，對公司會有什麼影響嗎？」

當時時值夏季，天氣很好，我沿著多摩川開車上班，忽然對於每天義務性地去公司起了懷疑的念頭。我並非因爲被工作追著跑而感到疲憊，只是**每天一樣去上班，理所當然地在公司處理工作，久而久之，便不曉得自己工作到底是基於義務、或者出於自願了**。

當自己快要變成公司的齒輪之一時，卻無法認知到那片齒輪有多大。

我從出社會到現在，從來沒有因爲生病而向公司請過假。雖然不曾因病缺勤，但卻曠職過一次——就是突然對「上班」感到疑問的那一天。換句話說，結果那一天我沒有去公司，而是兜風去了。

當時我開的是以中古價向朋友買的馬自達敞篷跑車。我打開車頂，朝多摩川上游駛去。非假日的白天，馳騁在沒有車的路上，心情格外愉悅。

話雖如此，曠職就是曠職。那一整天，我內心深處一直有著強烈的罪惡感，當然也對同部門的人過意不去。隔天，我想了一大堆曠職的藉口，也徹底做好了被長官斥責的心理準備。但是到了公司之後，卻看見公司依舊理所當然地聳立在眼前，頓時覺得心裡有點沮喪。

即使我請了假，對公司一點影響也沒有。於是我意識到：「原來我是自願在這間公司工作的。」

面對忙碌的工作、或是長時間的例行公事，有時會忽然感覺到義務感及壓力，好像自己非做不可。可是，其實誰也無法強迫你，沒有人會說：「你非做不可。」如果想辭職，隨時都可以辭。

當然，拿一份錢做一份事、報答知遇之恩、不辜負上司的期待，才合乎做人的道理。但就算辭職，對公司而言，說不定也就是換個人來上班而已。換句話說，**目前的狀態，完全是自己選擇的；不管工作再怎麼辛苦，選擇讓自己身處如此狀態的人，也是自己。工作不是基於義務，而是基於自己的意志。**

意識到這一點之後，我心裡反而變得輕鬆，又能以勇往直前的心情繼續工作了。若想要愉快地工作，就必須擺脫對工作的義務感。

話雖如此，但長期工作下來，還是一不小心就會忘記要保持這種心態。就連我當初辭去出版社工作、接下公司負責人位置時，也是如此。

於是，我決定**把銀行存摺、印章、護照，隨時放在公司的辦公桌抽屜裡。**眞的想辭職的時候，就領了錢、拿著護照，直接前往成田機場。雖然存款不多，但在泰國等東南亞國家生活三、四年應該不成問題。錢花光了就回來，找份工作再存錢就是了。

我告訴自己，這麼做是爲了減低對工作的義務感，以勇往直前的態度繼續努力下去，而不是眞的要如此率性而爲。讓自己處於隨時能夠自由翱翔的狀態，但實際上卻選擇留在原地，繼續工作，這也是自我意志的一種表現。

存摺、印章和護照對我來說，就是在工作的義務感即將淹沒自己時，用來讓我改變想法的法寶。

……如今回想起來，要是公司遭小偷的話，我就完蛋了。

把存摺和護照放在公司。

（所需時間：一分鐘）

貢獻自己的活力

想要提振士氣、積極面對人生時，不要急著拚命提升自己的動力，何妨先試著投注能量在旁人身上，這麼一來，那份能量一定會回報到自己身上。

金錢也是一樣，用在別人身上，功德就會輾轉返回自己。因爲，這世上存在著**「好心有好報」**的法則。

每當我著手進行一項新工作時，總會思考：「做這份工作能讓誰得到什麼樣的快樂？而爲了達到這個目的，我能努力做些什麼呢？」

倘若認眞思考自己能做到的付出，結果也眞如所願能讓人開心時，你會發現，其實最開心的人是自己。在工作上持續以他人快樂爲目的，久而久之，在不知不覺間還能得到周遭人的認同。這就是「爲了別人而做的行爲，終會回報自己身上」的最佳證明。

當然，我一開始的目的並不是尋求回報，只是把「想幫助對方」的心情化爲簡單的行動。

如果想被別人喜歡，就要先喜歡自己，這麼一來，總有一天大家都會喜歡你。同樣地，如果想變得有活力，就要先主動帶給對方活力，這麼一來，在不知不覺間，自己也會變得更有朝氣。

對新事物充滿熱情、積極面對人生時，人會充滿能量。因爲這個時候，自己會努力將滿滿的能量帶給身邊的其他人。

雖說要努力帶給他人能量，剛開始只要做些舉手之勞的小事就行了。譬如進入咖啡店後，微笑向店員打招呼。光是如此，心情就會大爲改變。

一開始不用著急，先從小事開始，等到漸漸習慣之後，再試著慢慢挑戰更大的行動。給人的能量愈大，自己獲得的能量也就愈大。

長期提不起勁時，我建議最簡單的方法是：策劃一個小聚會。不管是同事之間的聚會、朋友之間的聯誼，或是找學生時代的死黨辦同學會，什麼都好，總之就是主動策劃一個聚會。

這麼做並不是爲了要在聚會上一醉解千愁。你得張羅聚會的一切，包括聯絡朋友和同事、訂日子、找場地；決定日期和場地之後，再通知大家；當天還得花心思點菜，才能享受美酒美食、談天說笑；最後，你還必須做好財務的工作。

我在當上班族的時候，是公司聚會的發起人，剛進公司的第一年，幾乎是以一個月一次的頻率，策劃同期同事之間的聚會。當時應屆畢業、剛進入大型出版社工作的我，被人稱爲是「第一個策劃和櫃檯小姐聯誼的男人」。那時，就連離職同事的送別會，也大多是由我擔任主辦人。

我之所以主動擔任發起人，是爲了讓參加者都能展露笑容。而且聚會成功時，我也能獲得充實感，覺得更有活力。我跟朋友之間的情誼不但更加緊密了，成功舉辦聚會所得到的滿足感，也讓我在面對其他事情時，更有動力和自信，得到比付出更多的能量。所以我建議大家也可以試試看。

如果剛開始沒有信心辦好大型的聚會，可以先嘗試兩、三人的小聚會。找幾個親近的朋友聚一聚，很容易就能產生正面能量。

主動提出邀約，統籌一切；當聚會結束時，你就能深刻感覺到自己有所改變。

發電子郵件邀請親近的友人一同聚會。（所需時間：五分鐘）

將「展開行動」設爲最終目標

在上一節，我們提到主動策劃聚會。面對這項行動，有人會擔心找不到理想的場地、或沒辦法滿足參加者，而感到猶豫不決。

除了聚餐的例子之外，在工作或私事上，面對大大小小各種目標時，有時也會因爲太過於在意結果，而耽誤了行動的開展。

這種時候，**只要先把「行動」轉化成為目標就行了**。

換句話說，如果是聚會，就先別考慮最後大家會不會滿意、能不能找到理想的場地，只要達成「發起聚會」的目標就可以了。

別管周遭人的反應，一旦達到目標，就給自己及格的分數。

在大多數情況下，遲遲沒有展開行動的人，都是因爲太在意結果，才會不禁畏首畏尾。

舉例來說，提出新的企畫案需要勇氣，因爲你不曉得結果會被駁回或採納。但若是一直害怕被駁回，企畫永遠也立不了案。

所以，一開始先不要在意結果，只要能展開行動，就給自己鼓掌。姑且不論自己想出來的企畫能否通過，只要能提出案子，就當作已經達成目標。

如此一來，應該就能更輕易地踏出第一步了。

另一方面，也要注意別太縱容自己。一旦不在意結果，把行動設成目標，往往就會產生「反正有行動就好」的草莓族心態。久而久之，會變成只要踏出第一步就心滿意足。

身爲專業人士，當然不能忽略結果。一開始先把行動本身設成目標，之後踩穩步伐了，接下來就要準確地瞄準結果。慢慢累積成功經驗之後，這些遲早都將轉變成莫大自信。

在找到場地之前，先發出邀請函。

（所需時間：五分鐘）

感謝恐懼

開始嘗試新事物時，經常會感到恐懼與不安，擔心「究竟會不會進展順利？」「失敗的話怎麼辦？」

舉例來說，想換工作時，會害怕說不定變得比現在更糟；受人委託出席演講時，因爲擔心會失敗，而遲遲無法答應；想辭職去留學，卻對將來感到不安……這種事應該很常見吧。

想踏出新的一步時，若是懷著恐懼與不安，就很難付諸實行。

這時該怎麼辦才好呢？

首先，要**試著正視恐懼與不安，並且接受它**。或許你不想正面面對恐懼與不安，但是，**不清楚可怕的事物長什麼模樣，才是最可怕的**。你得試著仔細看清恐懼與不安，正視自己的負面情感，試著認同、接納它。

恐懼與不安，並非全然都是不好的。據說人的各種負面情感，都是自己所引發。舉例來說，「走夜路很可怕」的恐懼感，會導致「所以走夜路要十分小心」的自我保護策略；「緊張」的不安情緒，會引發「所以要事先準備周全」的對策。**負面情感的背後，一定有一個正面的理由，可以說明「為什麼會有這種感覺」**。換句話說，嘗試新事物時所感到的恐懼與不安，乍看之下是枷鎖，其實會促使自己展開有利的行動。

基於這一點，面對恐懼與不安，應該就更能坦然接受了。

正視自己的負面情感，找出其正面原因。這麼一來，就能這樣正面思考：「我一定會緊張，可是緊張也沒關係。」「我害怕失敗，但恐懼是必要的。」心情也會變得稍微輕鬆些。

此外，**恐懼也可以轉化成動機**。

人分爲兩種，一種是把恐懼變成動機，另一種是把願望變成動機。

例如，有人會害怕「繼續留在現在的公司似乎不怎麼樂觀」，而想換工作；但有人換工作的動機，則是希望「在新公司發展更美好的人生」。或者，另一種常見的經驗是：「擔心趕不上期限」的恐懼，會加快工作速度；另一方面，「工作完後就能去喝一杯」的期待，也會讓自己充滿幹勁。

不過，實在不必太拘泥於自己到底屬於哪一種人，因爲即使是同一個人，行爲動機有時會來自恐懼，有時則會來自期待。重要的是，要明白這兩種情感都能拿來當成動機。只要事先知道恐懼和不安的特性，就能廣泛運用在各種時候，包括踏出新的一步。

感謝恐懼。

（所需時間：一分鐘）

恐懼的下一步，是行動

在上一節提到，如果感到恐懼或不安，可以藉由其正面意義來重新看待它。另外我也認爲，**恐懼和不安，其實就是展開行動的指示燈**。

如同前面提到的，我畢業後進入職場，當了三年的上班族，後來，有人希望我接下生涯規劃學苑的校長一職。那時我煩惱不已，心想：「自己究竟能不能辦得到？與其做危險的賭注，是不是應該選擇在出版社擁有充實的未來比較好？」一時之間無法立刻答應接下這項職務。

於是，我去找大學時代的朋友商量。她爲了一圓演員夢，一直參與各種演藝活動。當時，她正好爲了專心學習演技，而辭去現有的工作。我希望她告訴我，怎樣才能做出如此爽快的決定。

聽說她在決定選擇專心演戲之前，也曾經過一番天人交戰。可是她告訴我，當時指導她演技的老師對她說了一句話，成了她下定決心的關鍵因素。

「恐懼，是展開行動的指示燈。」

辭掉工作專心學習演技，當然會相當恐懼與不安。但另一方面，能夠朝著成爲演員的夢想，集中精神學習，也令她滿心雀躍。**「剛開始時恐懼和興奮期待的心情，其實擁有等質同量、同方向的效果。所以，如果覺得恐懼，就是該展開行動的時候了。」**老師如此告訴她。

經她這麼一說，確實沒錯。我回顧自己的經驗，在興奮期待的背後，一定伴隨著恐懼與不安；**在「不曉得事情是否進展順利」的恐懼不安背後，也存在著「說不定會順利進行」的興奮心情**。舉例來說，喜歡看棒球或足球的球迷，之所以對比賽狂熱，是因爲心裡存在一股「說不定會輸」的不安。如果是一場明知絕對不會輸的比賽，大概就不會有任何興奮感了吧。

成功或失敗、贏或輸，情勢會往哪一方發展，要做過才知道。唯一確定的是：不嘗試去做，雖然就不會有成功或失敗的問題，但也絕不會贏。正因爲不確定結果，最後獲勝的喜悅才更加令人興奮。縱使最後進展得不順利，但克服恐懼與不安，一定會對日後的自我成長發揮正面的影響。

所以才會說：「恐懼，是展開行動的指示燈。」

煩惱了半天，最後我接下委託，成爲學苑的共同負責人，決定爲期待賭上一把。如今回顧過去，我慶幸自己做了那樣的賭注，也深深感謝對方給當時還稚嫩年輕的我這個機會。

感到「恐懼」時，
試著感受在它背後興奮期待的情緒。

（所需時間：一分鐘）

當下能跨出的一步

前一陣子，我將之前著作的部分版稅，捐給協助中國少數民族的團體。這筆捐款預定用來蓋學校、圖書室及買書，以幫助提升孩子們的識字率。

其實，我有幾個偉大的夢想，其中之一，是成立自己的基金會，對發展中國家的教育，像是提升識字率等，做出貢獻。

這是個非常遠大的夢想，不會輕易實現。可是，如果因爲困難就放棄，什麼都不做，夢想一輩子也不會實現。我思考著該怎麼做，才能更接近夢想一步？什麼是我現在能跨出的一小步？最後，我決定先捐款。

這個「提升識字率」的點子，其實是我開始在便利商店捐款後想到的。透過跨出「在便利商店捐款」這一小步，對於自己還能做些什麼，我漸漸有了具體的想法。

雖然我捐的金額不多，但在中國，已經可以用來幫助好幾個人繳交一年的學費了。此外，我也把部分公司所得和家用捐出去。

去年，我將一部分家用捐給我一名學生的工作單位「無國境醫師團」。由於成立基金會是我的夢想，所以，我仿效比爾·蓋茲的「比爾蓋茲伉儷基金會」（Bill and Melinda Gates Foundation），將捐款以我和妻子爲名的基金會名稱捐出去。後來，「無國境醫師團」禮數周到地寄來一張「給三宅伉儷基金會」的謝函。據說我們的微薄捐款，變成了非洲孩童幾十公斤的糧食。當然，我並不因此而心滿意足，但是對我而言，就某種層面來說，那是成立基金會這個遙不可及的夢想實現的一刻。

要實現目標和夢想，試著跨出當下能跨出的一步，非常重要。而且，**能否跨出第一步，可能會大大影響往後的人生。**

無論目標和夢想是什麼都一樣。譬如，假設你很想跳槽到某家企業，寄履歷表和接受面試當然很重要，但在那之前，先到該企業的大樓親眼看看，也是十分有意義的舉動。在上班時間去觀察進出員工的氣氛，用自己的眼睛和耳朵確認員工們穿什麼服裝上班、表情如何、聊些什麼話題。

這看似微不足道的一個舉動，實際進行後，卻能獲得許多。

到企業大樓去看看，真的是很簡單的一件事。但令人意想不到的是，像這種「真的很簡單的事」，實際上卻很難做到。所以，每當有人向我徵詢換工作的建議時，我都會要求對方：「在你面試之前，最好先實際去看看那家公司。」而大多數人通常也都會實際付諸行動。

這一步非常重要。當然，即使不這麼做，成功轉換跑道的確實也大有人在。然而，**藉由跨出一步、放輕步伐的習慣，就能更輕易地藉此再往下一個**

目標和夢想跨出。而那一步，將會引導你邁向遠大的目標和夢想。

跨出第一步展開行動，動機也會跟著有所提升，就像我藉由「在便利商店捐款」，開始思考自己的公司能有什麼貢獻一樣。「我的公司以『希望透過溝通，對社會有所貢獻』爲宗旨，而提升識字率對溝通非常重要。那麼，不妨就把公司的目標之一設定爲：『提升全球的識字率』吧……」

如果能朝著夢想做現在能做的事，就會更有衝勁。如此一來，就能思考邁向夢想的具體下一步，並展開行動。

只要照著這樣的步伐不斷前進，就是實現夢想的最短捷徑。

上網查心儀企業的公司地址。（所需時間：一分鐘）

第三章

CONTINUE

持續，

愛上不斷進步的自己！

把早上留給自己

若要開始嘗試任何新的事物，最簡單的方法是：在早晨實行。

大學畢業後，我進入一家教育類出版社工作。儘管順利找到了工作，但我不想變成只做上司吩咐之事的上班族。不過也正因如此，我反而必須把上司吩咐的事情徹底做好，努力扮演好員工的角色。

首先，我堅守著這樣的原則：「爲了要做想做的事，得先做非做不可的事。」因爲若是既不做份內非做不可的事，也不願做不想做的事，就未免太說不過去了。

或許有許多人都知道，武道的心訣中，有一個三字訣叫做：「守破離。」

意思是指一開始先在師傅身邊徹底學習教誨，然後再從中創出自己的流派，最後離開師傅身邊，走出自己的路。

為了做自己最後想做的事、為了以自己的意思一決勝負，首先要比別人多付出一倍心力，不眠不休地做好份內該做的事！

我將這樣的方法命名為：「上班族大作戰」。

我做的第一件事是：一大早去上班。我每天早上五點起床，起床之後先看書，然後沐浴，再吃一頓豐盛的早餐。時間充裕的話，還會一早就煮奶油培根義大利麵來吃（現在則過著比較健康的飲食生活）。

接著，七點到公司。櫃台小姐還沒上班，所以我轉而精神奕奕地向警衛大叔和打掃阿姨打招呼，展開一天的工作。

搭上空無一人的電梯後，我會對著電梯裡的鏡子大喊：「今天也要努力工作！」進到沒有人的辦公室時，我會對著空氣說聲：「早安！」然後才開始工作。

等到九點其他同事到公司的時候，我已經完成一項工作了。

這種一大早上班的感覺實在太棒了。首先，工作時不會被任何人打擾，不會有人找你說話，也不會有電話打進來，是最適合集中精神的環境。

還有，另一個優點是，可以輕易地爲自己設定期限，像是在大家上班之前、或晨間會議開始之前完成工作等。如此一來，還能提高工作效率。

倘若晚上工作怎麼也做不完，不如提早起床，將期限設定在早晨。藉由設定期限，進一步提高專注力。

相較於晚上加班兩小時，早上提早兩小時上班，絕對能做更多工作。

像這樣早起工作的我，以前有一段時間，也曾過著日夜顛倒的生活。

不管當上班族、還是成立自己的公司，我每天一定都會撥出時間，做一些和工作沒有直接關係的進修。

四年前，爲了要去美國念研究所，每天工作結束之後，我還得念書準備留學考。當時，我每天從晚上十一點念書到凌晨兩點，大約持續了一年半，結果考試順利上榜。

但是，那次的經驗讓我深覺：人最好還是早睡早起。從健康層面來看，凌晨一點到三點這段時間，人體的免疫力會下降，最好還是盡量避免在晚上的時段活動。

早上的時間，可以依個人意願隨心所欲地使用；只要能早起，不管怎麼安排，都隨你高興。相反地，晚上往往會因爲加班、或有工作上的「應酬」，而無法自由運用時間。

因此，如果有新的計畫或工作要進行，只要有早起的意志力，我強烈建議最好在不會有人干擾的早上進行。就連培養新的習慣，只要選擇在早上進行，一樣能輕易做到。

除此之外，早起的好處還有——**可以藉此調整一天的節奏和心情**。

晚上不同於早上，因爲難以設定期限，所以容易失去對時間的感覺。例如，原先設定要念書念到凌晨兩點，但經常會發生一不小心就超過半小時，或因爲念得正起勁，而再延長一小時等情況。

乍看之下，念書時間增加似乎比較好，但一旦這麼做，就會占用到睡眠時間，不然就是睡過頭，影響到隔天的專注力，最後導致效率變差。

另一方面，早上由於可以設定期限，所以不會拖拖拉拉地一再把時間往後延。專注力提高了，事情也能確實完成，接下來一整天的工作，當然就能順利進行。此外，「今天也很早起」的心情，會使一天的循環變好；持續早上的好心情，接下來一整天就能積極地面對任何事物。

比平常早一小時上班，早一小時回家。（所需時間：零分鐘）

每天寫「起床報告Email」

前面提到，只要早起，早上的時間就能隨心所欲地利用。可是，我也聽過有人說：「早起最痛苦了……」

基本上，沒有人擅長早起。我有些正在接受學習訓練的學員，會因爲無法養成早起的習慣，而深感頭痛，來找我商量。他們之中有許多人，後來因爲採用了我提議的「**寫起床報告Email**」方法，都變得能夠早起了。

「起床報告Email」是指：每天在固定的時間，寄一封寫著「我已經起床了。」的電子郵件給某個人。這件事看似簡單，但效果無與倫比。

以我的學員來說，他們會把電子郵件寄到我公司的信箱。例如，有位想成爲會計師的學員，會在每天早上六點，寄一封寫著「我已經起床了」的電子郵件給我。我並不會特別爲此回信，這純粹只是學員單方面的報告。

寫「起床報告Email」只要注意一個規則，就是不准在床上或被窩裡以手機發送電子郵件，一定要從床上或被窩裡爬起來寄信。只要遵守這項規則，寄完電子郵件之後，要再回床上或鑽進被窩裡睡回籠覺，也無所謂。

最好的方法是以電腦發送電子郵件。因爲等電腦開機的這段期間，腦袋大致上就已經清醒了，所以寄電子郵件的時候，身體自然會是清醒的狀態。

此外，如果身體狀況不佳，實在起不來，或是當晚有攸關一生幸福的約會，隔天無法照平常時間起床等，只要在前一天事先寫電子郵件通知「我明天沒辦法在平常的時間起床」，這樣就可以了。

聽我這麼一說，你或許覺得哪有人會這樣，但若要以「起床報告Email」養成早起的習慣，這個例外的設定，才是重點所在。因爲**你得事先決定哪種**

時候是例外，以便事後不用再找藉口。

「寫起床報告Email」的目的，其實並不只是早起。更重要的是，**早起之後能在心情愉悅的狀態下，實踐自己該做的事，完成當天念書或工作的任務**。這才是最終的目的。

如果能夠每天早起，當然再好不過了。然而，若是用沒有例外的嚴格規定來綁死自己，必定會有遭遇挫折、起不來的一天。遇到這種狀況時，一定會覺得輸給了自己。一旦在一大清早就嚐到輸給自己的滋味，接下來一整天的情緒都會不好，甚至可能會影響到念書和工作的幹勁。

此外，太過嚴格的規則，會使心情潰散，一旦遭遇挫折，就像骨牌效應般兵敗如山倒，變得自暴自棄，覺得不寫「起床報告Email」也無所謂了。

既然如此，**規則最好訂得寬鬆一些，避免產生輸給自己的情緒**。最好盡量讓心情維持在愉悅的狀態，這樣一來，就算好幾天都無法照平常時間起床，也不要緊，念書和工作一樣可以順利進行，也能繼續維持早起的習慣。

據說，**早起等各種習慣，只要能夠持續二十一天，生理時鐘就會調整過來**，時間一到，就會自然醒來。所以，假日最好也能和非假日一樣，盡可能在同樣的時間起床。

順帶一提，提出這種建議方法的我，本身也沒資格大發豪語說：「我擅長早起。」不過，若是要求學員寫「起床報告Email」，自己卻一直賴床，總會覺得過意不去。因此，我每天早上一起床，也會馬上從手機發送電子郵件到辦公室的電腦，以「今天也一樣要努力！」這句話，展開充滿幹勁的一天。

發送一封電子郵件給朋友，告訴他：「如果明天〇〇點我沒有寄Email給你，就付你罰金。」（所需時間：一分鐘）

縮小目標規模

我大學時曾休學一年，到中國北京留學學中文。在那段期間，我在筆記本中問自己：「爲什麼我要到中國留學？」那本記下年輕歲月的筆記本，如今還留在手邊，裡頭記載了幾項當初想要留學的動機。

1. 爲了擺脫安逸的大學生活，活出百分之百的自己
2. 爲了做只有現在才能做的事
3. 猶豫的時候，選擇勇往直前
4. 我想和中國的十二億人口心靈相通！

5.爲了擁有「中文」這項武器

除此之外，在「留學中國的目的」這一項，寫的是這樣一句話：「我要成爲大人物！」接在這句話後面的，則是成爲大人物的「七個條件」。

1.對所有人敞開心胸
2.不在意別人的眼光，總是表現出眞實的自我
3.不輕視他人
4.以同理心對待所有人
5.喜歡所有人
6.嚴以律己，絕不放棄
7.抱持夢想

如今重新翻閱，對於當初認眞想成爲「大人物」的自己，實在感到稚氣可笑。但這樣的目標，卻是我當時認眞思考後才寫下的。

留學期間，除了學習中文之外，我也擬定了幾個要達成的實踐計畫，像是上日文課、找幾個中國朋友創辦社團等。不過，既然是去學中文，假如最後卻沒有學好，只是「變成大人物回來」，未免臉上無光，所以，我也計畫要比任何人都認眞學習。

我就讀的學校，早上八點就開始上課了。幸好，初級班的學生只有兩個人，一個是我，另一個是沒有什麼學習意願的馬利大使千金。雖然我也曾協助她提升學習動機，但她實在沒什麼動力，最後，我幾乎是以和老師一對一教學的方式在學習。

午餐我會和中國及韓國朋友一起用餐；回到宿舍，我還聘請了家教跟我一同念書；家教回去之後，我就自己練習發音到凌晨兩點；學校放假的日子，則和中國朋友出門去玩。總之，我每天的生活就是學習中文。

如今回想起來，單就這一年來看，我有自信敢說，我比任何在中國的人都更努力學習中文。我對中文所投注的熱情，甚至高昂到想讓全中國都知道「三宅在北京！」

這股熱情，後來對我有非常大的幫助。

當年我初到北京機場時，會說的中文只有「你好」和從一數到十。但留學五個月後，我的中文突飛猛進，得到非母語的中文檢定考試（ＨＳＫ）七級的成績，相當於中國大學的入學程度。就連暑假去絲路旅行時，還被當地人幾乎誤認爲是中國人。

每當我提起這件事，經常有人對我說：

「眞虧你的動機能夠持續一整年！」

有過出國學語言經驗的人都知道，就算是在國外生活一年，也很難學會當地的語言。事實上，我看過好幾個留學生，在國外待了好幾年，卻只會打招呼。即使留學待在當地，如果沒有相當大的幹勁、有計畫地學習，一年是無法學會任何語言的。

那麼，爲何我能如此專注於學習呢？

我想祕訣就在於訂下讀書計畫。

話雖如此，但並不是什麼困難的計畫，只要在**想持之以恆進行某件事時，單純地把「過程」設定為目標就可以了**。

只要是語言留學生，任誰都會提出「學會說○○」的最終目標，就連我也是。不過，我會**把每天的目標，放在更具體一點的過程上**。舉例來說，像是「每天一定要查字典、背兩百個新單字」「在學校裡和日本留學生說話時不能用日文」等。

設定每天的目標和規則之後，無論發生什麼事，也一定要遵守。我就連暑假去絲路旅行時，每天晚上睡覺前也一定會翻一個小時的字典，把那一天出現不懂的單字全部查完之後再睡覺。

最後是否學會說中文，除非試過才知道。可是，只要有堅強的意志力，就能一步一步完成抵達最終目標的具體過程。

要一個只會說「你好」和從一數到十的人，突然訂下「會說中文」的目標，未免太過遙遠，且不切實際。但是，把「一天背兩百個新單字」「不說日文」等目標擺在眼前去努力，絕對能夠達成。

換句話說，最好的方法是：**設定近距離、觸手可及、可能實現的目標。**然後抱著平常心完成這些目標，並在通往最終目標的過程中，體會自己正一步一步前進的感覺。

為了抵達終點，找出一件「能每天持之以恆」做的事。（所需時間：三分鐘）

培養和他人不同的習慣

若是觀察比一般人獲得更優秀成果的人，就會察覺到，他們運用時間的方式和別人不一樣。譬如，他們會比別人早起；一般人容易在等電車時發呆，他們則能有效地利用那短短的幾分鐘時間。

以前在出版社上班時，我會把午休的一小時，切割成三個部分使用。前十五分鐘吃飯，中間的三十分鐘拿來念書，剩下的十五分鐘是午睡時間。

剛進公司時，我都會跟同事或前輩們一起去吃飯。然而，吃飯時聊天的內容幾乎都是一樣的話題，棒球比賽的結果如何、下一次放假要去哪裡等。

由於結交了工作夥伴，所以聊天的過程中會很愉快，但總覺得這樣有點浪費時間。因此，我決定一個人吃午餐，把吃飯之外剩下的四十五分鐘用在自己身上。

我把每天午休的其中三十分鐘拿來念書。一天區區三十分鐘，一星期就有兩個半小時，一年下來就多達約一百三十個小時了。

當時，我的工作是負責製作用來推銷國中小英語教材的傳單。我得策劃內容、決定頁數、設計版面、向印刷廠下單、寄送；對於版權和行銷的知識，更是不可或缺。

進公司時日尚淺的我，還很缺乏這類相關知識。但午休學習的內容，我卻刻意選擇了和工作沒有直接關係的事物。

跟公司有直接相關的事物，前輩們遠比我熟知，就算我學得一些皮毛工夫，也終究比不上他們。所以，我決定看一些雖然和工作沒有直接關係、但是瞭解後會對工作有所幫助的內容，而且還是一些前輩們不太會去做的，像是多變量分析、先進的行銷策略等。

當然，學習的成果不會立竿見影，然而，勤而不輟地持續下去之後，慢慢會發現，某些知識可以對部門工作有所幫助、某種想法能夠付諸實現等。這時，我會將資料影印下來發給部門內部傳閱；即使沒有人要求我這麼做，我還是會主動去做。

這樣的行動持續了許久，就在我進公司即將屆滿兩年時，慢慢地，公司內開始有人來找我。像是其他部門的部長會邀我一同吃午餐，希望和我聊一聊，甚至要我去他的部門工作。

後來，在我出社會的第二年，公司舉辦了一個企業內部課長研習會。當時的部長對我說：「三宅，你去參加吧！雖然這是針對課長安排的研習會，但這種機會，我想還是依學習心來安排出席人選比較好。」

最後，在研習會最終的個人發表這一關，我獲得了第一名的評價。那是一間頗具規模的大企業，所以課長級的參加者至少超過三十人。那一瞬間我明白到，雖然那只是個研習會，但在經驗不足以代表一切的世上，即使身爲新人的我，也有可能獲得認同。

當時獲得的自信，使我後來的工作品質和速度，都有大幅的提升。

採取和別人一樣的方式運用時間、做和別人一樣的事，很難得到不一樣的結果。不過，如果用了和別人不同的方式，要得到不一樣的結果，就容易多了。

我相信，和別人不一樣的習慣，也可以改變人生。

把午休時間拿來念書。

（所需時間：五分鐘）

立下有彈性的誓言

前面提到，想要持之以恆，只要把過程設成目標就可以了。我會把這個「過程」目標，當作「誓言」來立誓。像是「每天看一本書」「以兩天一本的速度看外文書」「淋浴時用中文自言自語」「利用通勤時間練習英文聽力」等。

一旦決定之後，就要對自己立下「誓言」，無論發生什麼事，都要遵守。

換句話說，不管是工作或念書，確定最終目標之後，就要把抵達目標的過程當作「誓言」來立誓。由於**「誓言」是死也不能打破的，所以只要堅守**

到底，目標遲早會達成。

這種方法不限於工作或學習，任何想持之以恆的事，都能加以應用。以減肥爲例，首先設下三個月內減輕五公斤的目標，爲了達成這個目標，再立下「騎腳踏車上下班」「每天走一萬步」「在公司內不搭電梯」「晚上八點以後不吃東西」等誓言。接下來，只要抱著平常心，每天堅守誓言，久而久之，體重自然會慢慢減輕。

之所以下定決心想減肥，卻遲遲無法持續，完全是太過在意結果的緣故。就像每天量體重，總是會因爲「瘦了一公斤」「胖了五十公克」而感到又喜又憂。維持動機很簡單，但現實生活中，事情的進展並不如預期順利，大多數時候會因爲得不到理想結果，而失去動力。

正因如此，才要著眼於過程中的「誓言」。只要有堅強的意志力，就一定能達成「誓言」。而倘若每天都能感受到成就感，持續起來也會變得輕鬆許多。

順帶一提，我也曾在達成目標體重之前，爲了減肥和維持健康，立下「下午三點後不吃米飯類食物」的誓言（現在則是維持每天三餐正常的糙米素食）。

持之以恆地遵守誓言，重點在於要有「彈性」；只要有堅強的意志力，誓言就一定能實踐，而且還能持之以恆，這才是設定誓言的方法。

例如，只要有堅強的意志力，就能堅持在下午三點之後禁食米飯。但假如設定爲「完全禁食米飯類食物」，即使體重減輕了，身體大概也完蛋了。這麼一來，減肥就沒有意義了。

另外，爲了持續遵守誓言，事先準備好明確的退路也很重要。例如，實在拒絕不了的情況下，就算是過了下午三點，也要愉快地吃飯。

誓言不是用來綁死自己，如果有預料得到的例外，不要讓它變成模糊地

帶，而是要事先認同它為特殊情況。

下午三點過後禁食米飯類的飲食生活，我持續了一年。這段期間，只有三次不得不打破誓言。第一次是生日時，有個在工作上非常照顧我的人請我吃壽司，其餘兩次則是回妻子的娘家吃晚飯。

這三次都是別人好意請吃飯，而且基於我的角色立場，也無法說出「我正在減肥……」這種話。這種情況下，就要視爲例外，欣然地接受別人的好意。

不過，誓言的退路必須嚴格設定。若是安逸地告訴自己「只要是工作應酬也ＯＫ」，容許的範圍就會一點一點地擴大。事實上，即使是工作上的應酬，也有許多辦法能避免破戒。只有在實在拒絕不了的情況下，才能容許自己打破誓言。

之所以對誓言設定嚴格的例外，除了因爲它是使誓言持之以恆的訣竅，也是爲了讓自己能愉悅地完成達到目標的過程。

降低限制，但是要嚴格。

若是每天都能以愉悅的心情完成目標達成的過程，對其他生活領域，也會造成良性循環。因爲「遵守誓言、達成過程」的充實感，會使心情變得積極，內心也會湧現邁向明天的幹勁。

爲了持續這種良性循環，訣竅就在於誓言要設定得有一定的彈性，而且要嚴格。

事先為誓言設下嚴格的「例外」。（所需時間：一分鐘）

利用「小戒律」來達成目標

有一次，我和公司員工們做了一個約定：

「一月六日開工上班之前，我要把體重減到六十一公斤。我會在大家面前量體重，以示證明。」

當時我是生涯規劃學苑總公司的共同負責人，年紀輕輕，才不到三十歲，員工們也都非常年輕。而那不過就是個隨口說說的約定罷了。

我自認爲相當努力了，但是一月一日當天，我的體重還停留在六十五公斤。也就是說，我必須在五天內減重四公斤。

我心想這下不妙，於是連續三天，我每天都只吃一個水果度日；收假的前一天，還跑去三溫暖讓自己流汗，減肥減得很徹底。好不容易，我終於勉強減到六十一公斤。

話雖如此，我的體重仍處於危險的及格邊緣，喝一杯水就會破功。不，是穿上衣服就會破功。一月六日早上，爲了安全起見，我決定施展苦肉計，在上班前先去捐血。

「早餐吃了嗎？」護士小姐問道。

「沒有，因爲某些原因，我沒有吃早餐。」我過於老實地回答。

「這樣不能抽血。」她遞給我麵包和果汁。

「好，那我現在吃。」

我跑到沒人看得到的地方，假裝吃了早餐，再回去請護士小姐替我抽血（這種行爲很危險，千萬不要學）。

這項演技有了代價，我勉強達成了和員工之間的約定。

話說回來，明明只是和員工之間的隨口約定，爲什麼事情會變得這麼誇張呢？

其實，當時我還約定了另一件事，那就是：「假如我沒有減到六十一公斤，就在大家面前脫到只剩一條內褲拍照。」

我好歹也是公司和學苑的負責人，要是遵守不了和員工之間的約定，還身穿一條內褲（而且是微胖的狀態）被人拍照的話，教我面子往哪裡擺！

除此之外，還有另一個原因，我不想對夥伴說：「我做不到。」這也是爲什麼我非得像漫畫《小拳王》一樣，不惜抽血也必須達成目標。

當必須完成什麼的時候，我經常會像這樣規範自己。雖然很單純，就是爲自己訂下規範，然後予以遵守，但光是這麼一個步驟，就能出乎意料地讓自己付諸實踐。譬如：

1. 不在晚上十一點二十分、到早上六點二十分這段期間之外上床睡覺。
不過可以趴在桌上小睡片刻。
2. 不吃肉。但應酬吃拉麵時，可以多少喝一點湯。
3. 不浪費時間用手機傳簡訊。但唯獨和妻子聯絡的情況下ＯＫ。

重點在於：替規範添加「但書」。**為了持續遵守規範，事先訂下嚴格的例外，反而更加有效。也就是藉由刻意設定的例外來降低限制，逼自己必須遵守。**

順帶一提，我經常活用「可以趴在桌上小睡片刻」的例外，曾經創下在桌上連續睡七個小時的紀錄。

如果想讓規範變得特別有效，可以再添加某種懲罰，像是「穿內褲拍照」等。或是在培養早起習慣時，如同前面提到的，跟親近的朋友立下約定：「我每天早上六點半一起床，就馬上寄Email給你。如果做不到，就付你三千圓罰金。」

像這種附加懲罰，通常也非常有效。

想出一個用來達成目標的行動規範。（所需時間：三分鐘）

享受抵達終點前的路程

無論是念書或工作，要持之以恆，享受過程非常重要。

「如果克服這個困難的話，一定能夠有所成長，所以要加油！」像這樣興沖沖地一頭熱，反而會後繼無力。因爲如果把焦點集中在「假如能克服困難」以及「困難」上，努力的過程就會覺得很痛苦。

若是像考前臨時抱佛腳這種百米衝刺也就罷了，但大多數的學習和工作都像是距離超長的馬拉松賽跑，並不會立刻抵達終點。這種時候，**與其尋求抵達終點後的「快樂」，而對現狀感到痛苦，不如享受過程本身，才有辦法持續下去。**

享受過程時，最重要的是「**營造環境**」。

二十五、六歲被委託擔任公司共同負責人時，我大約過了一年半以公司爲家的日子。「共同負責人」聽起來很好聽，但實際上非常辛苦，該做的工作堆積如山，每天根本就沒有時間可以回家。

既然如此，我想乾脆就住在公司算了。晚上我就用睡袋睡在公司角落，三餐到附近的便利商店或餐廳打發，衣服就在投幣式洗衣店解決，每天就過著這樣的生活。

客觀地來看，或許有人會覺得這樣的辦公室生活很可憐，但我強迫自己認定這種生活很舒適。

當時，我的辦公室位於東京的青山。每天早上，我都會從青山到原宿的健身房運動；工作之前慢跑、在室外按摩浴缸泡澡，是我每天的例行公事。跑步流汗，沐浴在早晨的太陽下，悠閒地在按摩浴缸泡澡，那一瞬間，我感受到宛如人生贏家的心情：「過著這種生活的我，眞是優雅啊！」

雖然以公司爲家的現實沒有改變，但我刻意讓自己這麼想。我以爲，之所以每天被大量的工作追著跑，卻仍然能設法應對，很大的原因靠的是環境的營造和自我催眠。

確實，一一處理眼前的工作非常辛苦，但有時我會放鬆下來，感受自己正身處令人愉悅的氛圍當中。而這麼做也相對地提高了我的工作意願。

念書也是一樣，在能讓自己心情愉悅的環境中念書，會更事半功倍。

結束以公司爲家的日子之後，爲了能到美國留學，我開始每天晚上工作結束後繼續念書；不用上班的日子，就在廣尾圖書館閉關念一整天。

離家更近的地方當然也有圖書館，但我刻意選擇出門搭電車到更遠的廣尾。這是因爲對我而言，比起附近的圖書館，廣尾圖書館是讓我心情更爲舒坦的環境。

我會在廣尾車站下車，穿過雅緻咖啡店和超市並立的街道，步入廣尾公園，走過樹木間的階梯，來到圖書館。圖書館裡，有跟我一樣集中精神念書的夥伴。

包含這一整個過程，廣尾圖書館對我來說，就是一個舒適的空間。

對於那些爲了達成目標而該做某些事、卻很難持之以恆的人，不妨先從營造「心情愉悅」的環境開始，試著調適過來。

找出一個自己喜歡的場所。

（所需時間：一分鐘～）

把學習當運動

——繫上領帶，心情就會切換成工作模式。

——擦亮皮鞋，就會覺得充滿幹勁。

相信大家都有經驗，只要一點點小行動或小道具，神經就會瞬間緊繃起來。

我念書的時候，一定會**使用有碼表功能的手錶**。一旦按下碼表，我的心情和身體，自然就會切換成讀書模式。

在念書時設定時間和任務，例如：「○○點之前要完成××」等，將有助於提高專注力。或是像「五分鐘內背二十個單字」「二十分鐘內寫完五頁練習題」，這種時候，利用碼表來計時也非常有效。

長時間念書時，我會採取「念五十分鐘、休息十分鐘」的方式。這時，同樣要利用碼表來正確計時。

有時持續念了五十分鐘，感覺正起勁，會覺得好像還可以再念一會兒。但儘管如此，也一定要停下來休息十分鐘，**故意保留「還想再念」的心情**。如此一來，不滿足的心理就會發揮正面功效，即使才休息十分鐘，也能感到滿足，接下來的五十分鐘，就能集中精神繼續念書。

相反地，若是因爲正起勁，就持續念一個半小時，等到猛然回神時，已經累趴了，接著就會想休息三十分鐘。所以，務必要遵守「念五十分鐘、休息十分鐘」的循環。

嚴格來說，五十分鐘的最後五分鐘，要用來複習之前念的內容。心理學家艾賓豪斯（Hermann Ebbinghaus）指出，人不管記憶什麼新的事物，一小時之後，都會忘記其中的百分之五十六；二十四小時之後，則會忘記百分之七十四。但是，如果在忘記之前反覆背誦的話，就能降低遺忘的機率。

爲了戰勝遺忘的天性，**最後五分鐘一定要用來複習**。

或許會有人認爲，如果只是要計時，用不著特地用碼表，一般的手錶也可以，不是嗎？

可是，我偏要使用碼表，爲的是**養成嚴格地以秒為單位的計時習慣**。考試的時候，有可能「因爲差一秒而不及格」。爲了讓自己對於確切的時間感覺能變得更加敏銳，使用碼表是一個有效的方法。而且，若是馬虎看待一秒鐘，對其他事情的態度也可能會變得隨便。如此一來，即使設定了念書的時間和任務，往往也會抱持著「做不到也無所謂」的態度。

基於這種理由，我會刻意使用能夠精準計時每一秒的碼表，以剛剛好的緊張感，斤斤計較秒數、努力念書。簡直就像是「學習運動家」一樣。

我目前常戴的，是在瑞士找到、附碼表功能的手錶。當時在飛機上看到廣告時，就很喜歡它的設計，後來在日內瓦找遍了大街小巷才買到。

要集中精神念書，準備好使用起來令人心情愉悅的道具也很重要。這也就是先前提到的、營造「令人心情愉悅」的環境。

我的某個客戶說，他前一陣子把心一橫，買了一只要價一萬圓的碼表。碼表並不一定非得是高檔貨不可，但像他這樣有所堅持地營造環境，也是提升幹勁的重要因素之一。

大家不妨也試著把中意的碼表放在旁邊，以一流運動員的心情，從念書的起跑點起跑吧！

買一只碼表或附碼表功能的手錶。

（所需時間：五分鐘）

低迷會在成長之前來報到

「學習英語會話遲遲不見成效，於是半途而廢。」「爲了取得證照而努力，但是中途遭遇了挫折。」在朝目標努力的過程中，你是否也經歷過不少這樣的經驗呢？

學習，一定會有遇上瓶頸的時候。開始立下新的學習目標時，由於內容新鮮，會充滿幹勁和對未來的希望，覺得能不斷吸收新知識，而滿心雀躍、樂於學習。

但是，一旦到了某個階段，就會對學習產生倦怠感，無法再感受到學習成果，對於未來的希望也日漸變淡。

這就是所謂的「低迷狀態」，許多人都會在這個階段受挫。

然而，**低迷是距離成長只差一步的訊號；這是一個預告，如果克服這道難關，就能更上一層樓！**

學習不像搭電扶梯，可以順利地一路扶搖直上。若要比喻，比較像是一步一步地走在有樓梯間的階梯。**處於低迷狀態時，就像是走在樓梯間；在樓梯間，即使前進，也是水平行動。但不斷往上的階梯，正在前方等著你，也就是急速上升的機會。**

所以，在低迷狀態時，奮發向上非常重要。一旦度過低迷，眼前的景色將為之一變。以學習英語會話聽力的例子來說，感覺「啊，我聽懂了！」的那一刻，一定會到來。

換句話說，如果陷入低迷狀態，就要在心裡想著：「這是『馬上就能有所成長』的預告。」而發憤圖強。之後的成長，會大幅受到基本功的影響。

也就是說，**基礎打得多深，將大大影響最後的結果**。

以前我爲了念大學，經歷過一年的重考生活。那一年，我在駿台的補習班補習，參加了「早慶文科超級課程」，好像只要隸屬於該班，頭腦就會變聰明一樣。

當時，我下定決心，要把全部精神集中在補習班的教材上，而且絕對不蹺課。

補習班的老師，分成受歡迎和不受歡迎兩種。受歡迎的老師，教室經常座無虛席；相反地，不受歡迎的老師，教室裡的學生會漸漸減少。

可是對我來說，不管哪一種老師，都是補習班的老師，我都相信他的專業。儘管受歡迎的程度多少有差，但可以確定的是，教我的都是考試名師。既然如此，我就乖乖地遵照當時遇到的老師的指導。自作聰明安排課程、胡思亂想，只是在浪費時間罷了。

我抱持著這樣的想法，從來不蹺課。最後，我考上了第一志願。

上課，是補習班最基本的事，卻有許多人看不起這項基本功，老想著要嘗試其他各種方法。一開始，教室裡的學生約有兩百人，但是到最後，經常只剩下我和老師兩個人，而老師就坐在我旁邊教我。

乖乖相信、接受專業，徹底吸收基礎內容。如此持續努力的話，擺脫低迷、看見曙光的那一刻，一定會到來。

上網搜尋和想做的事有關的學苑。（所需時間：五分鐘）

練好基本功

前一陣子，我和妻子一同去神奈川縣的奧湯河原旅行，以感謝她平常對我的支持。我們住的，是所謂的高級旅館。

或許是因爲不常住，旅館內從頭到尾各方面都令我們相當感動。隨便一道料理，味道都好吃得沒話說；盛裝料理的器皿，更是賞心悅目。擺盤方式高雅，食材用的是有季節感的當令食材；上菜的時機恰到好處，東西吃起來該熱的熱、該冷的冷；房間裡的設備和服務，全都無微不至。

可是，這間旅館最令我感動的，是它扎實的基本功。美味的味噌湯、乾淨的房間、有禮貌的員工，在這些理所當然的工作態度中，所呈現的品質，遠遠超越其他旅館，而且沒有絲毫偷工減料。

我想，這間旅館之所以一流，原因應該就在於此。因為每天徹底做好理所當然的事——也就是基本的事——才有如此的結果表現。

這和念書、運動、工作等，也有異曲同工之妙。即使用同樣的方式念書、運動或工作，有的人能得到成果，有的人就是一事無成。**其差異就在於基本功練得有多扎實**。能夠得到成果的，是徹底練好基本功的人；而得不到結果的，是基本功得過且過的人。

一開始，兩者之間看不出多大的差異。但不練基本功的人，一旦到了某個程度，就會突然停止成長。

這裡所說的基本功，也包含了眞正「基本中的基本」。以工作為例，不管任何一行，都有共通的基本功，像是好好打招呼、不遲到、盡早回覆對方問題等。另外，像是工整寫好郵件的收寄人姓名和宅配的單據等這類事情，也是一樣。

若是以念書來說，就是整齊地寫好筆記，仔細地在教科書上畫好重點。換句話說，**看一個人的筆記本和教科書，就能大致知道他今後會不會有所成長**。會成長的人，會細心地歸納課程內容，但又不至於一絲不苟；而不會成長的人，筆記則會讓人感覺雜亂無章。

不過話雖如此，若只是把「筆記寫得整整齊齊」當作是目標的人，一樣不會成長。

在運動方面，我們從小就被教育，要把保養運動用具當成是基本功。大家都知道，棒球選手鈴木一朗從小學開始，每次練習後都會仔細擦拭自己的手套；聽說他在進了大聯盟之後，也從不間斷。

這些基本功——**徹底執行「只要想做，誰都做得到的事」**——是得到最後成果所不可或缺的。

但是，基本功的成果大多是眼睛看不到的，就像即使好好打招呼，也並非就能因此高升；就算認眞地擦拭棒球手套，也無法馬上變得像鈴木一朗一樣厲害，所以才會有人對此敷衍了事。

儘管如此，還是要做。持續認眞地致力於基本功，雖然看似平實無華，但往後將會呈現非常大的差異。

以上所言，想必所有人都知道其中道理。可是，如果有人問你：「具體而言，是怎麼一回事？」卻又一知半解。

舉例來說，假設一年內每天成長一％，一年後就會成長一點零一的三百六十四次方。由此可知，光是一天成長一％，就相當驚人了，假使以這種速度成長，一年後將會有多大的差異呢？

只要使用計算軟體，看到曲線圖就會明白——假設每天持續成長一％，一年後，原本是一的自己，將會成長四十倍。

所謂的基本功，是每個人都做得到的事。**大家不必為了想要大幅成長，而默默地做做不到的事，只要貫徹基本功就可以了。**

徹底執行大家都做得到的事；每個人都做得到的事，要做到大家都比不上的地步。這麼一來，從某個時間點開始，你就會突然加速成長。到最後你會意識到，自己已經抵達一開始所設定的目標了。

字跡工整地寫下明天的行程。

（所需時間：一分鐘）

再多做一分鐘

「明明必須寫企畫書，可是總覺得提不起勁。」「明明必須爲了升遷考試而念書，可是總覺得人很疲倦。」

日常生活中，大家應該經常像這樣，陷入明明有事非做不可，卻提不起勁的狀況。我的學生當中，也常常有這種人。「我昨天晚上怎麼也提不起勁念書。」

這種時候，我會問對方：**「前天晚上，你達到自己能夠接受的進度了嗎？」**我會詳細訊問他前天念書的狀況，例如是否好好用功念到自己規定的時間、是否有確實做完預定頁數的習題等。

之所以這麼問，是因為會提不起勁，問題往往就出在前一天。一旦沒有做到前一天該做的量、或是半途而廢，隔天就很難再拿出動力。相反地，若**是在心情愉悅的狀態下結束一天的學習，像是做完該做的習題等，覺得「今天很振作」「今天很努力」，隔天就能順利地再開始。**

由此可知，為了讓自己每天都能心情愉悅地開始念書，關鍵就在於前一天，是否在心情愉悅的狀態下完成念書的作業。

基於這種原因，我會對我的學員和客戶說：「在家念書的時候，如果覺得差不多該結束了，就再多努力一分鐘吧。」

這和之前已經念了多久無關，**不管是只念五分鐘，或是念了三小時，結束之前試著再多努力一分鐘，讓自己在心情愉悅的狀態下結束。**

據說，鍛鍊肌肉是在開始感覺痛苦後，接下來的運動才會讓人長肌肉。

同理可證，學習的成果也是在「來到極限，再進一步」的階段，才能融會貫通。所以，倘若覺得已經「唉，記不住更多內容了」，就再試著努力一分鐘吧。

這個結束前「再一分鐘」的動作，將會發揮莫大的效用，有助於順利展開隔天的進度，也能提升學習成果。

今天，在最後一刻「再努力一分鐘」。（所需時間：一分鐘）

感受戰友的存在

念書或工作，都是一件孤獨的事，即使有時候是和夥伴並肩念書、和團隊一起工作，但面對該處理的任務時，基本上還是自己一個人。

要在念書或工作上拿出成果，就必須戰勝孤獨的過程。

舉例來說，在留學期間，孤獨感會變得更加強烈。離開家人和親友，獨自一人在異國生活；四周盡是陌生人，習慣與文化都不同的生活，會令人感到更加孤獨。我看過好多人因爲受不了這種孤獨，一群日本留學生忍不住膩在一起，結果每天過著和在日本大同小異的生活。

就這點而言，我留學中國的經驗可以說是得天獨厚。

我留學的學校，從我去的那一年才剛開始接受留學生，所以入學當時，除了我之外，沒有其他日本人。當時我人生地不熟的，不管怎麼查字典苦讀，老師上課的內容還是聽得一頭霧水，連以日文交談的對象也沒有，是一段充滿壓力的生活。可是，幸好處於如此困境，我反而能拚命念書，在不使用日文的狀態下獨自生活。

在中國留學的第三個月左右，我好不容易勉強能以中文做日常生活上的溝通。這時，學校舉辦了一個歌唱大賽。

「有歌唱大賽耶，你要不要參加看看？」中國朋友邀我參加比賽。

「好啊！我要參加。」我二話不說地答應了。

並不是我對唱歌特別有自信，而是藉此機會，說不定能認識更多朋友。最重要的是，我曾立下「留學期間，凡事都要去嘗試」的目標。

但是，到了歌唱大會當天，進入會場時，我膽怯了。我以爲歌唱大賽鐵定是在某間小教室舉辦，不過就是一個小型活動，來聽的人頂多三、四十人。但是，實際的場地卻是學校的大禮堂，座位就像是音樂會那種緩斜坡，坐滿了兩千名左右的學生。原來，歌唱大賽是該校的一大盛事。

「咦？我沒聽說是這種大型的比賽啊！」我不禁想大聲吐槽，但是我不懂中文怎麼說，所以說不出口，只能在心裡以日文吶喊。

我沒有預料到是這種狀況，不過事到如今，也只有放膽去做了。

輪到我上台唱歌時，我以日文唱了一看長淵剛的「乾杯」，這首歌在中國也廣爲人知。當歌曲進入第二段的時候，從觀眾席傳來用手打拍子的聲音，而且愈來愈大聲，最後，全場兩千人全都隨著我的歌聲替我打拍子。即使唱完，兩千人如雷的掌聲仍久久不絕於耳。

我沉浸在縈繞耳際的掌聲中，半恍惚地走到會場外。幾個朋友跑過來對我說：「我們是來替你加油的。」其中有韓國留學生，也有中國朋友。

當時，我發現到，我絕不是孤獨的。

在那之前，我以爲自己是一個人在努力，與孤獨奮戰，拚命念書。但實際上並非如此，**我意識到真的有許多朋友在支持我**。

仔細想想，支持我的，不光只是身旁的朋友。還有替我支付留學費用的父母、替我加油打氣的日本朋友，以及當時的女朋友。**這樣的事實，即使當我到了宇宙的盡頭，也不會改變；人不管去了哪裡，都不可能變得孤獨**。

若是一直默默地念書和工作，或許會有忽然覺得孤獨的一瞬間，或許有時候會差點輸給了孤獨。這種時候，請想想支持你的人。這麼一來，一定就能轉念，再繼續努力下去。

列舉出三個支持自己的人。

（所需時間：一分鐘）

第四章

WRITE

書寫，

讓人生更有深度！

日記不要天天寫

我從國中二年級開始，大約寫了二十多年日記。一提起這個話題，一定會有人問我：「讓你持續寫日記的訣竅是什麼？」想必許多人都有想持之以恆寫日記、卻遭遇挫折的經驗吧。

持續寫日記的訣竅，其實很簡單，那就是：不要每天寫。

如果能每天不以爲苦寫日記，當然最好。但是相反地，你也不必拘泥於每天一定要寫日記，隔一陣子再寫也無所謂。

只要養成「能寫的時候就寫」的習慣，就不會遭遇挫折，寫日記也能變得持之以恆。

我自己有時候隔一天、有時候隔一週，甚至曾經間隔半年之久才又繼續寫日記。儘管如此，如今所累積的日記本，也已經有二十本之多了。

寫日記，是我想推薦給大家務必要嘗試的習慣。原因有很多，最重要的是：持續寫日記會增加思考的深度。

日記經常可以呈現人在當時的**第一優先順位**，也就是**「自己當時擺在最優先順位的事物」**。如果有了心上人，日記中就會寫滿對方的事；若是對工作滿懷熱情的人，日記內容就會以工作爲主；正在養育小孩的人，除了孩子之外，大概不太會寫其他事。

我國中二年級時之所以開始寫日記，其實是因爲喜歡上同班的女生。而日記的內容，當然是以她爲主，每天寫的盡是些「今天跟她聊了〇〇」等沒有營養的內容。換句話說，她就是我當時的第一優先順位。

然而，如今再重新翻閱那些日記，會發現當中偶爾也會寫著非常棒的內容。譬如，在即將面臨國中畢業的某一天日記裡，寫著這樣的內容：

1.喜歡告白的自己，還是不告白的自己？

2.告白成功與否，對於目前的自己而言，眞的重要嗎？

3.比起結果，行動難道不是比較重要嗎？

我在前面已經提過，我對任何事物感到猶豫時，會以「喜歡怎麼做的自己？」作爲衡量的標準。而從日記看來，這種思考方式，早在國中二年級的時候，就已經在我心中萌芽了。

當時的我，八成是經過深思熟慮，才發展出這樣的心情。因爲當時對我而言，「告白」就是最重要的事。

人對於自己覺得眞正重要的事，總是會認眞思考。以我來說，把日記當作「思考的場所」來活用，非常重要。

透過寫日記，我能夠面對各種「生活方式的指標」，像是自己的價值觀、該採取怎樣的生活方式等。

換句話說，就是透過一面寫日記、一面認眞思考眼前最重要的人事物，使思考變得更有深度。

這就是我推薦大家寫日記的首要原因。

接下來，我就藉此介紹幾個自己寫日記的方法吧。

首先要留心的是，就如我開宗明義提到的，**不要勉強自己每天寫日記**。**只要針對當時占據自己思緒最大部分的事，在想寫的時候，寫下想寫的部分**。

日記有趣的地方之一就是，之後再回顧自己的過去時，經常會發現以前的自己對什麼有何感想、如何思考，甚至是後來如何改變等。只要試著隨心所欲地持續寫一個月的日記，你就會明白它的樂趣所在。

此外，**日記不要給任何人看。如果像部落格一樣，是以「寫給他人看」為前提來寫日記，就會下意識地掩飾自我。**如此一來，將難以看見自己真正的心聲。

透過掩飾自我來寫日記，雖然可以隨時提醒自己生活要有幹勁，但若想面對自己眞正的心聲，最好還是毫不掩飾、隨性、老實地寫日記。

另一方面，出外旅行時，試著像詩人一樣，在日記裡盡情地風花雪月一番，也挺好的。

我一開始用的日記本，是到處都買得到的一般大學筆記本。一般的日記本大多會事先印好日期，每天能寫的空間有限，這麼一來，如果偶爾不寫日記，就會浪費頁數。而且，每天想寫的東西篇幅不盡相同，有限的空間會讓人感覺拘束。

凡事都是如此，如果過度有衝勁，心想：「好，來做吧！」反而持續不了多久。

所以，一開始最好用便宜、寫完能隨時再買的筆記本，抱著平常心來寫日記就可以了。等到養成習慣、有了自己的堅持，再買皮革日記本，或是寫了不會褪色的高級紙張來用。

你不妨也試著從今天就開始寫日記吧！

到便利商店買一般的筆記本來寫日記。（所需時間：五分鐘）

記錄菜鳥成長史

除了在家寫的日記之外，我建議另外還可以再寫一本「**職場日記**」。

我從畢業後進入公司當上班族開始，除了個人的日記之外，一直有寫職場日記的習慣。

有些公司可能會規定員工要寫工作日誌或日報，像是我出社會第一年，每天都要寫公司內部的工作日誌。而當時我另外開始寫的，就是個人用的職場日記。

公司的工作日誌或日報，對實際業務確實有所幫助，但再怎麼說，都會刻意寫些給課長或部長等上司看的內容，很難用來回顧過去的自己。因此，我決定寫不給任何人看、只給自己用的職場日記。

我的職場日記分成兩大欄，一邊寫「當天的感受」等日記式的內容，另一邊記錄「當天新學會的重要專業知識」等業務上的技巧，最後再將所有內容彙整在同一本檔案夾中。

職場日記的好處，可以簡單分成三個。第一個好處是：**藉由持續寫職場日記，記錄「笨手笨腳的自己」**。

舉例來說，在我第一年的職場日記中所寫到的自己，眞的是慘不忍睹，感覺就像是今天犯了這種疏失、隔天出了那種紕漏，每天失誤連連。最嚴重的一次，還給公司造成大約三百萬圓的損失。

當時，我負責的是寄送函授教育傳單的業務。有一次，我必須把問卷分別寄給參加函授教育的人和沒有參加的人，問卷的內容則是詢問他們爲什麼參加和及沒有參加的理由。但是，我卻把「詢問爲何沒有參加的問卷」寄給參加者，把「詢問為何參加的問卷」寄給沒有參加的人。

等我發覺自己的疏失時，事情已經一發不可收拾。接線生得打電話向所有接受問卷的人道歉，再將圖書禮券連同新的問卷重新寄送。整件事情包含人事費用在內，大約造成了三百萬圓的損失。

這麼大的疏失雖然僅僅發生過一次，但後來，我還是經常犯下各種小錯誤。如今再重新翻閱過去的職場日記，會感到驚訝：自己以前連這種事也不會啊？連這種事也不知道啊？

可是，在進公司的第三年，我開始擔任指導後進的角色時，這些過去自己所犯的錯誤，頓時變得非常有用。

當時的我，工作上已經漸漸不再犯錯了；相反地，後進卻開始犯下和我從前一樣的疏失。

人很容易忘記自己的過去。在累積了某種程度的經驗之後，看到後進的疏失，經常會覺得：「爲什麼那麼簡單的事都辦不到呢？」「非得要我一一提醒才會注意到嗎？」甚至會認爲：「這傢伙難不成沒有工作能力嗎？」

可是，若是冷靜回想過去就會發現，自己也是同樣這麼一路走來，也曾和眼前的後進一樣，令前輩提心吊膽。若是把這些疏失寫在職場日記上，就會清楚知道，自己從前也在這種地方摔過跤、容易在這種地方犯錯。如此一來，要指導後進，就容易多了。

寫職場日記的第二個好處是：**能切身感覺到自己的成長**。

自己在工作上的成長，很難切身感覺到，可是，如果重新翻閱幾年前的日記，就會驚訝於當初和如今的自己之間的差異，感覺到自己的成長。

一旦切身感覺到成長之後，那股感受，將會轉變成邁向明天的動力。只要想到幾個月後、幾年後，自己能有進一步的成長，就會對未來有所期待，更能克服比之前更大的障礙。

職場日記的第三個好處是：**它具有遺忘的效果。藉由寫下該記得的知識、事件，以及自己的疏失，就能放心地將之遺忘。**

當然，這裡指的並非是能把自己犯下的過錯忘得一乾二淨。然而，若是永遠帶著犯錯的低落心情，將會無法前進。在日記中寫下犯錯的原因，經過確實反省、改變行動之後，就能將之遺忘。若把事後重新檢討就能改進的事以文字記錄下來，在實際作業時，就能讓大腦空出空間，進入下一個階段。

基於這三個好處，職場日記最重要的重點就是：**透過書寫，確認工作、人生目標以及過程**。

我聽說一流的職棒選手大多會寫日記，因爲每天透過「書寫」，一方面能確認目標，另一方面也能檢視自己朝目標前進的幅度。

回顧過去的思考、行動，予以反省；然後一面整理，一面客觀地掌握自己在工作上的成長過程。這樣到最後就能切身感覺自己日漸成長的模樣。特別是在進公司的第一年，愈早開始寫職場日記，愈能清楚看見成長的軌跡，也會提升邁向下一份工作的動力。

和在家裡寫的日記一樣，職場日記也能重新檢視工作上的自己。你不妨也試著從今天就開始寫職場日記，切身感受那種樂趣吧！

買活頁紙回來寫「職場日記」。

（所需時間：五分鐘）

Write 3 調節心情的日記活用術

在工作上犯了錯、總覺得上司討厭自己、和另一半交往不順利等。每個人難免都會有心情低落的時候。此時，心情會一團糟，不安和憤怒的情緒不曉得該往哪裡發洩才好。這種時候，我也會活用日記來消除一團糟的心情。

舉例來說，因爲太晚和客戶聯絡，而被對方罵得狗血淋頭，還被上司訓了一頓，雖然知道是自己不對，但反省後還是覺得平靜不下來……在這種情況下，首先要**把使自己心情低落的原因寫在日記上**。

因爲自己的疏失，惹惱了客戶。

一開始大多會寫出這類與當時情況有直接關連的項目，而下一步則是尋找除此之外，是否有其他使自己心情低落的原因。例如：「犯錯確實不對，但總覺得和上司之間的關係原本就不怎麼好。說不定上司討厭自己。」如果這麼想，就把當時想到的事直接再加寫上去。

總覺得上司討厭自己。

再來，思考是否有造成自己情緒不好的原因。「對了，最近常睡過頭，一整天都無法順利……」

最近經常睡過頭。

除此之外，說不定還會出現各式各樣的原因，像是工作太忙，無法和女朋友見面、沒辦法看喜歡的電視或電影等。像這樣繼續尋找除了直接原因之外，還有沒有其他令自己心情低落的原因。

模模糊糊、無法清楚辨識問題所在的狀態，令人最為不安，因為人的大腦討厭「不太清楚的狀態」。例如，料理時不小心讓鍋子燒焦了，在掀開鍋蓋之前，不曉得鍋底變得多麼淒慘的那一段時間，最令人忐忑不安。

然而，一旦打開鍋蓋看，就會清楚知道哪裡燒焦了，於是，心情會變得輕鬆多了。

工作也是一樣。眼前有堆積如山的工作，即使知道非做不可，卻不曉得該從何下手、也不知道先後順序，就會因而感到不安，心想：「眞的有辦法完成這項困難的工作嗎？」

這種時候，只要一一列舉出該做的事，往往就會覺得：「其實並非想像中那麼困難。」

由此可知，心情低落的時候，只要逐一列舉出原因就行了。爲了掌握演變狀態，發現問題所在，得實際化爲文字寫出來。有時一旦寫出來之後，就會覺得事情沒什麼大不了，這和提起勇氣掀開鍋蓋後，心情就會變得輕鬆一樣。

不光是如此，歸納、列舉出心情不好的原因之後，往往會察覺到，導致自己心情低落的，其實是別的事。

譬如：「雖然是工作上犯了錯，但犯錯的原因，是因爲太過忙碌，該做的事沒有經過整理就冒然進行。而再追根究柢，就是早上沒辦法早起，無法撥出時間根據記事本上的行程，研擬一天的策略。」

在這思索的過程中會發現，眞正的問題，也許就錯在睡過頭。由於睡過頭，導致一整天都無法順利進行，影響工作，造成疏失，結果挨了上司的罵。既然如此，只要別睡過頭，所有問題就能迎刃而解了。

如果當下能夠因此心情舒暢，就可以讓這整件事到此爲止。但是，除了導致心情低落的原因之外，寫出「最近順利的事」也很有效。

例如：自己成長了這麼多；雖然常惹課長生氣，但是在別的事件上也被誇獎了，企畫內容也得到部長的肯定；雖然一直找不到時間和女朋友見面，但是通電話的次數比以前更頻繁了。

像這樣寫出順利發展的事，仔細觀察正面的部分。這麼一來，即使「最近總覺得上司不喜歡自己」，若是逆向思考，就會覺得根本不是什麼天大的問題。

心情低落的時候，就在日記上寫出以下兩個項目：

1.心情低落的原因

2.最近順利的事

歸納出這些項目之後，心情一定會變得比較輕鬆。

不過這時要小心的是，不要過度思考「爲什麼」。「爲什麼上司會討厭我？」「爲什麼我會犯錯？」有邏輯地追究問題的本質雖然很重要，但若太過於專注在問題上面，經常會因此忽略了目標。

視狀況而定，有時只要把焦點從問題轉向目標，就能再重新站起來了。就像跑馬拉松時跌了一跤，這時確認跌倒的原因當然很重要，但若是停下腳步，一味地思考原因，將會變得不知道自己「究竟是爲了什麼而跑」。

此刻，應該是先判斷當下何者比較重要——是為了下一次賽跑而思考摔倒的原因，或是總之先把眼前的這場馬拉松跑到終點再說。接著，再選擇接下來該採取什麼行動。

面對工作也是一樣，雖然有許多痛苦的事，但自己的目標是什麼？自己是爲了什麼在工作？倘若是爲了將來獨立門戶，痛苦也是無可避免的事，因爲那是必經的考驗。現在，就把它當作是墊腳石，勇往前進吧！

只要能夠這樣思考，心情自然也會變得積極。

在一分鐘內列舉、歸納出目前手上的問題，並找出目標。（所需時間：兩分鐘）

要珍惜別人，就要先珍惜自己

我三十一歲的時候，在醫院的診療室被醫生告知得了痛風。

「咦？眞的假的？」我不禁反問。

我高中時由於參加手球社，過度使用膝蓋，造成左膝蓋骨有一點裂痕，後來又開始感到疼痛，所以才去醫院請醫生看診。我一心認定是舊傷復發，完全沒料到會是痛風，沒想到會診之後，醫生卻這樣一口斷定。

說來抱歉，在那之前，我一直有種既定的印象，認爲痛風是中年男子才會得的「大叔病」。以前痛風這種疾病，是經常享用美食和喝酒的人才會得的「富貴病」。

而我卻得了痛風！感覺就像是頭被人狠狠地揍了一拳，我明明才三十一歲呀……整個人跌入了情緒的谷底。

然而，這也可以說是自作自受。那一陣子，我幾乎每晚睡前都會喝酒。結束工作、念完書之後，凌晨兩點多從公司一回到家，我一定會喝琴酒加健怡可樂。偶爾和朋友外食時，我的酒量也明顯增加，甚至有時喝得醉醺醺回家後就直接睡在地上。

不只是喝酒，那時菸也抽得相當厲害，每天平均會抽掉一盒半。飲食方面，由於三餐大多外食，所以以肉類爲主；工作量也很大，一週只休息一天。

如今回想起來，我根本就是過著不健康的生活。

確定得到痛風時，因爲留學美國在即，爲了愼重起見，我請醫生替我驗血。結果慘不忍睹，三酸甘油脂、尿酸、GTP、膽固醇……所有數值都超過標準。

但是，在留學兩年回到日本後，我的身體狀況開始有了迅速的改善，驗血報告幾乎所有數值都是正常，當然也沒有痛風，身體變得極爲健康。那段期間，妻子一直在一旁看著我的變化，她吃驚地說：「你的臉色和以前完全不一樣了。」

爲什麼我的身體會變得如此健康呢？我想是**以飲食生活為主，改變了所有習慣**。以下大致列舉出我自己目前的保健習慣：

1. 不抽菸
2. 吃飯時，每吃一口就放下筷子，咀嚼五十次以上
3. 避吃精製的白米飯，盡量吃糙米等全穀食物
4. 不喝酒

5. 不喝咖啡
6 不喝冷飲
7. 不吃紅肉；吃魚，但是不連續兩天吃
8. 不吃添加白砂糖的甜點
9. 不吃乳製品和雞蛋
10. 在便利商店不買飲料
11. 買有機蔬菜，外食也要以使用天然食材的餐廳爲主
12. 就寢前三小時就不吃東西

很多人都認爲我過著非常嚴謹的生活，但我一樣很期待和朋友去吃飯或喝酒；雖然我本身不喝酒、不吃肉，但聚餐時還是可以很快樂。

我並不是忍著不喝咖啡或冷飲，而是在決定不喝的過程中，赫然發現自己已經不會想再喝了。

到美國留學後，我之所以像這樣大幅改變飲食生活，除了痛風和慘不忍睹的驗血報告之外，還有一個原因。

到美國留學之前，正好是我出社會以來，第一次有人委託我共同經營一家公司。接觸到經營之後，自然會不斷地思考：「商業行爲究竟是什麼？」

我以爲，**商業行為基本上是「能為他人做多少事？」**例如：如何讓他人開心？怎麼才能讓他人快樂？簡單來說，就是**體貼他人**。**要體貼他人，必須先從體貼自己開始。如果連體貼自己都做不到，就沒有餘力去體貼他人。**既然如此，注意自己的健康、珍惜自己的身體，才是最重要的。

此外，在溝通場合中，之所以試圖傾聽對方說話、努力以對方容易瞭解的方法表達，基本上也是基於對對方的關愛，因爲**所謂溝通，要有對對方的關愛，才得以成立。**

在日常生活中，譬如和難搞的上司交談時，即使表面上雙方是在對話，但你是否覺得自己從來不曾做到眞正的溝通呢？

要讓溝通得以成立，哪怕是第一次見面，也不能缺乏對對方的關愛和信任。基於這層意義，**先關愛自己**很重要。

有了這樣的想法之後，我四處閱讀關於健康的書籍。最後，爲了學習長壽飲食療法（Macrobiotic），我們夫妻倆還不惜到美國留學三個月。

從飲食生活著手，改變所有習慣之後，現在，我的身體變得非常健康，工作和念書的專注力也提升了。最重要的是，我每天都過得非常愉快。

試著停止非常喜愛、但對身體不好的「○○」一天。

（所需時間：零分鐘）

寫下戒菸宣誓文

前面曾提到，我目前正在實踐的習慣之一是「不抽菸」。其實，我花了好一番功夫，才終於戒菸成功。

我嘗試過各式各樣的戒菸方式，都一再遭遇挫折。我最先嘗試的，是「戒菸宣言」。一定有很多戒菸者都有過類似經驗吧。

「我從今天起開始戒菸，假如我抽菸的話，就付一萬圓罰金。」

我曾向一個就讀大學的學員做出如此的宣誓，但是馬上就遭遇挫折，忍不住抽了菸。至今，我恐怕已經付了超過二十萬圓的罰金了吧。

我一直覺得原因出在「一萬圓」這個說多不多、說少不少的金額不對，於是也曾經把罰金提高到十萬圓。儘管如此，效果還是零。只換來在銀行ＡＴＭ提款時，心情更加鬱悶而已。

我也看了亞倫・卡爾（Allen Carr）的暢銷書《史上最強零負擔戒菸法》（*Allen Carr's Easy Way to Stop Somking*）。這本書很不得了，說是全球有幾千萬人因爲它而延年益壽也不爲過。然而，即使是這樣的一本書，也只讓我持續戒菸半年而已。

我就這樣一再地遭遇挫折，最後，我採用的方法是：**將戒菸宣誓文唸出聲。我寫了一篇名為「不想抽菸的自己」的宣誓文，隨時帶在身上，想抽菸時，就拿出來唸。**

在整個過程中，寫宣誓文之前的行動是最重要的。在寫之前，要先強烈地後悔至今的抽菸習慣，像是「自己一再向朋友宣誓要戒菸，卻又一直破功，眞是丟臉。」「買香菸的時間、爲了抽菸而外出的時間等，至今的人生已浪費了太多時間。」不斷反芻後悔的念頭之後，要強烈地內省，直到想哭爲止。

接著，想像假如繼續這樣抽菸下去，自己的未來會變成怎樣。「一再打破戒菸的約定，對自己愈來愈縱容，面對其他事也會變得懶散。」「將來自己的孩子會尊敬這樣的我嗎？」

像這樣試著想像不希望見到的未來自己，盡可能想像得悲慘一點。另一方面，也要想像如果戒菸成功，會有多麼美好的未來。

最後，透過書籍和網路，徹底調查香菸會對身體造成何種負面影響。除了感情層面之外，也要從邏輯的角度，確認香菸是否眞的對身體不好，直到自己可以接受爲止。

接下來，**循著「後悔」「對於未來的不安」「想像美麗的未來」「邏輯性的檢驗」這個過程，把宣誓文寫在Ａ４大小的紙上**。完成之後，將紙摺好，放進錢包隨身攜帶。**想抽菸時，就拿出來唸**。

思考宣誓文的寫法時，有個小技巧：要刻意寫下像是在替自己洗腦的內容。例如：「其實自己並不喜歡抽菸。」「持續戒菸的自己多了不起啊！」一旦覺得「戒菸很痛苦」，就會無法持續，所以必須加上心靈控制，覺得戒菸的自己很了不起、喜歡處於戒菸狀態的自己。

寫宣誓文的時候，不要假設會給自己以外的人看，只要專心思考爲了戒菸成功，該怎麼做才能替自己洗腦。即使寫出來的東西，就客觀來看多少有點丟臉也無妨，反正是自己專屬的極機祕資料，所以可以試著寫些徹底自我陶醉的內容。

用實際範例來說明會比較容易瞭解，雖然很難爲情，但以下我就以自己當時的一部分宣誓文來與大家分享。

不想抽菸的自己

我是個不抽菸的人。與其說正在戒菸，不如說我已經是個不抽菸的人了。

抽菸一無是處。首先，會被周遭的人討厭；最重要的是，香菸會奪走我的自尊心。

爲了我自己，也爲了相信我的人，我不抽菸。即使有時想抽菸，那也是一瞬間的事；縱使遭遇再難熬的事，我也不抽菸，而且，也不會想抽菸。

我對於戒菸一事，打從心裡感到高興。

抽菸純粹只是吸毒成癮罷了。藉由不抽菸，我能遵守其他決心，也能擁有自信，挑戰各種事情。

如果想抽菸，就想想背叛自己和他人的挫敗感！想想其實討厭抽菸的我感覺到的那種挫敗感！

我是個不抽菸的人，我是個贏家。多少想抽菸的時候，忍耐的每一秒鐘，都會感覺到自己變得更堅強，感覺愈來愈有自信。因爲，我擺脫了吸毒成癮。

我的意志堅強，發誓之後，就要貫徹到底。忽然想抽菸的時候，就想想那一根菸會造成幾千萬圓和數千小時的損失，還會背叛所有人、背叛自己。區區一根菸，就會毀掉一切。

不抽菸眞的很幸福。藉由愛自己，就能愛其他的一切。如果不抽菸，就能達成到國外留學念研究所的目標，也能達成人生的目標。如果抽菸，就正好相反。但不抽菸，就能夠遵守所有誓言。

戒菸很簡單，尼古丁的戒斷症狀也是一時的。完全沒有必要抽菸，抽菸百害而無一利。身爲不抽菸的人，我能持續擁有自信、勇氣和自尊，能隨時放鬆、隨時集中精神。

挑戰一天不抽菸、一個月不抽菸、半年不抽菸、一年不抽菸。一年之後，也絕不鬆懈。不找任何藉口，我這輩子再也不抽菸了，絕對不抽一根菸。抽菸時的挫敗感；忍耐時的勝利和喜悅。爲了我自己、爲了相信我的所有人、爲了全宇宙，我不再抽菸、不再迷惘。

讓我們歌頌戒菸之後美好的人生吧！

○○年○○月○○日

三宅裕之

以「戒○○」為主題，寫下宣誓文。

（所需時間：十五分鐘）

愛上「戒掉壞習慣」

戒菸成功之後，我開始熱中於「戒掉○○」。一年後，我戒掉喝酒、戒吃紅肉、戒喝冷飲，最後，連添加白砂糖的甜點也戒掉了。

當我跟朋友提起這件事，有時對方會問：「樂趣減少了，你不覺得寂寞嗎？」我回答：「戒掉許多東西之後，我的身體狀況變得非常好。」但是，看事情的角度因人而異，在別人眼中，我似乎仍是個「寂寞的傢伙」。

朋友說的「樂趣減少」，或許確實是如此。嗜酒的人，大概會覺得沒有酒的人生是黑白的；無肉不歡的人，大概會覺得不吃肉等於少了一項人生樂趣。我原本也很愛喝酒吃肉，但唯一確定的是，**判斷要不要戒掉什麼的時**

候，只要試著單純去比較「失去的事物」和「獲得的事物」就可以了。

舉例來說，抽菸所花的時間，比想像中更長。除了抽菸本身之外，還有想抽菸而中斷思考的時間、買菸的時間、找抽菸場所的時間、去抽菸場所的時間等。估計抽一根菸，至少要花五分鐘。

若是簡單地這樣計算，抽完一盒菸就是一百分鐘，等於一小時四十分。也就是每天會花這麼多時間在抽菸上。換句話說，如果戒菸，一天就能多出一小時四十分的自由時間；換算成一年，就是六百零八小時多一點，大約二十五天。如果這輩子完全戒菸，累積的時間將非常可觀。

前面也曾略提到，改掉看電視的習慣也是一樣。先判斷看電視的得失，最後如果決定不看，就直接拔掉天線。光是拔掉插頭，一定又會再看，所以要拔掉天線，用封箱膠帶纏起來，放進壁櫥裡。這麼一來，就不會再看了。

一旦戒掉看電視，念書或做家事的時間就會增加。雖然這麼做，對想看電視的家人會造成相當程度的困擾，但如此一來，不但增加了家人之間對話的機會，每個人也更能各自充實地利用時間了。

「戒掉」香菸、酒精、冷飲、紅肉等各種事物之後，我獲得了無可取代的健康，以及自由的時間。**戒掉某樣事物，其實往往也等於得到了另一樣事物。而且獲得的事物，將比失去的多上好幾倍。**

所以，想戒掉什麼的時候，請試著把重點放在「戒掉○○的話，就能獲得○○」。如此一來，抗拒的心情一定會稍微獲得緩解。

試著在一分鐘內列舉出戒掉後對人生會有所幫助的習慣。

（所需時間：一分鐘）

「努力」和「結果」是人生最佳的調味料

每當我一提起自己每天早上從不間斷地念英文和中文、每天看一本書，就會有人佩服道：「虧你那麼有恆心。」

我自己並不感覺特別辛苦，反而覺得快樂的部分大於辛苦，因爲我藉此不斷嘗到「**努力化為結果時所獲得的快樂**」這種愉悅的麻醉藥。而我之所以能將這種「快感」銘刻在內心深處，或許也是受到寫日記的影響。

時間回到高中時代，我那時的第一優先順位是手球。假如當初念的是男女同校的高中，日記裡寫的或許就全是女生的事，但很遺憾，我念的是和尚

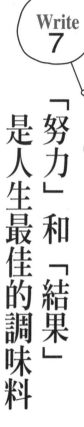

高中。正因爲如此，我才得以全神貫注於最重要的手球。

我雖然喜歡手球，但當時對於練習本身，卻不怎麼熱中。我高中時的手球社是千葉縣內實力數一數二的強隊，幾乎每年都能打進高中盃。當然，放學後的練習也就相對地辛苦、嚴格，指導教練也總是脾氣火爆。

平日的練習是每天下午三點到晚上八點，假日則是從早練到晚，一連串的練習、比賽、練習。如果輸球的話，甚至會被罰繞著球場青蛙跳。

參加手球社幾乎沒有任何愉快的事，但既然是自己決定加入，總覺得輸人不輸陣，再苦也要撐下去。即使慣用的右肩脫臼，醫生下令禁止練球，我還是改用左手繼續打球。不管再苦，我都咬緊牙關死撐，以打進高中盃為目標堅持下去。

高三那年的夏天，有一場比賽，對我往後的人生造成莫大的影響。那是全縣的準決賽，也就是打進高中盃的預賽。對手是半年前以兩倍的分數贏得壓倒性勝利、瞧不起我們的敵隊。我曉得我們的實力位居劣勢，不過回顧比賽前所累積的練習，我懷著「我們不能輸」的心情面對比賽。

手球比賽是前後半場各三十分鐘，如果時間內沒有分出勝負，就在休息五分鐘之後繼續延長比賽十分鐘。比賽在距離結束剩下兩分鐘的時候，由敵隊領先兩分。就手球的常識思考，如果剩下兩分鐘落後兩分，那場比賽就沒有希望了。然而，我們的隊伍奇蹟似地再添兩分追平了。不但如此，在最後三十秒時，一個無人防守的射球機會就在我眼前，於是，我在關鍵時刻射球得分，以領先的分數贏得了勝利。

「今天的最佳球員就是我了！」我如此確信，跳起來擺出勝利的手勢。

但是，勝負未分……高興不到幾秒鐘，我馬上被判犯規離場。而且因爲這個緣故，裁判祭出累進罰則，我們的分數又被對方追平了。

比賽進入延長賽，這時，又被對方領先。幸好學弟K在比賽結束前三秒射球得分，勉強以同分的局勢打完了延長賽。最後在罰球賽中（相當於足球的PK賽），我們的隊伍終於戲劇性地贏得了勝利。後來，我們打進全縣決賽，以準決賽的氣勢過關斬將，實現了打進高中盃的目標。

如今，我依然感謝在最後射球得分的K學弟。如果他沒有射球得分，那場比賽就輸了。假如因爲我的違規，而被追上分數，在當時飲恨敗北，說不定我會認爲「努力也不會獲得回報」「忍耐辛苦、努力練習到最後，結果卻是敗北？」我非常有可能抱著這樣的心情，對這件事耿耿於懷。

可是，幸好當時我沒有變成那樣。因爲K學弟射球得分，贏了比賽，確定打進高中盃時，我喜極而泣。辛苦練習時所流下的汗水，彷彿全化成了淚水，我高興地淚流不止。那次的寶貴經驗讓我明白：當努力化爲結果的那一刻，就能享受到強烈的快感。

我把三年的練習過程及當時的比賽情形，詳細地記載於日記中。對當時的我而言，社團活動讓我學到了任何事物都無法取代的經驗。而如今我之所以能這樣回顧當時的情形、感謝K學弟，日記便是原因之一。

藉由寫日記記下當時的事情，日後便能從第三者的角度，冷靜地回顧過去，客觀地檢視自己的成長和價值觀，把經驗的感動銘刻在心中。

假如沒有藉由日記回顧過去，當初的比賽或許就只是一時的興奮與激情而已，說不定只會化爲青春史中一頁熱情洋溢的回憶。

不光是把過去的感動放進隨時能拿出來回味的抽屜，那項經驗也給了我無可取代的教訓，對如今的我提供了幫助，讓我發現了重要的事物。這就是日記的功效。

重新翻閱自己從前寫的文章。

（所需時間：五分鐘）

反省過程，肯定結果

所有發生在身上的事情，都會爲自己留下某種重要的意義。可是，若不仔細回顧發生過的事，往往會在不經意之間忽略了所留下的重要事物。

當年參加全縣準決賽、也就是打進高中盃預賽時，給了我一個簡單、卻重要的價値觀，那就是：經過努力、得到結果時，就能感受到一股強烈的快感。

我之所以有這項體認，多少是受到寫日記這個習慣的影響。因爲透過日記，我才能好好地回顧過去。

當時的社團活動不但練習辛苦，老師還很可怕，簡直痛苦得不得了。但是如今，我仍打從心底認爲，加入手球社眞好，連令人怕得要命的教練，如今也成了我人生最大的恩師。

重新回顧過去，我意識到，不光是那場準決賽，老師在平常練習時就以身作則教導我們：

要不斷努力，持續交出人生的成績單。

我在考高中時，曾經歷挫折，沒有考上東京都第一志願的學校，最後就讀的是第五志願的高中。

然而，塞翁失馬，焉知非福。由於高中考試慘遭滑鐵盧，讓我遇見了手球，以及優秀的老師和夥伴們。

再回溯過去，考國中時，我也經歷了苦澀的失敗。從私立國中名落孫山的我，不由得只好去念公立國中。而在那裡，我遇見了初戀的女孩。

因爲考試失利，我才能進入男女同校的國中就讀，也才得以遇見促使我開始寫日記的她。

乍看之下是負面的事，若是仔細回顧，其實都留下了重要的事物。

而我利用日記，賺到了這個回顧過去的機會，因爲能像這樣**從回憶中意識到重要的事物，才能以正面的態度，去看待任何過去的結果。**

當然，面對過去時，也需要反省失敗。

當年我因爲五分的差距沒考上第一志願的高中。直到如今我都還記得，我寫錯的那題，是求最小公倍數這種基本的數學題目。

事情看人怎麼想，我可以和剛才一樣，用「因爲寫錯答案，才能打進高中盃」的心態來思考，但也不能怠於反省寫錯的自己一路走來的過程。「假如當時更認眞念書，考試當天更冷靜一點，說不定就能解出答案。爲什麼我念書時會缺少認眞的態度呢？爲什麼考試當天無法冷靜呢？」

面對過去的經驗，針對過程深切地反省，直到痛哭流涕的地步；再以肯

定的態度，積極地接納結果。

反省過程，肯定結果。

藉此，再把從過去意識到的事，有效地銜接到未來。

反省負面的結果，這樣思考：「說不定這是走運。」

（所需時間：十秒鐘）

重新認識「感謝」

人往往容易忽略他人的幫忙及施予，如果不主動認眞體會，大多不會注意到自己從他人身上所得到的幫助。正因如此，我們更有必要認眞去感受他人的恩惠。

我是在接觸了內觀道場之後，才開始這麼想。

內觀道場指的是施行內觀療法的民間機構。內觀療法是一種心理療法，作法是把一個人關在半帖榻榻米大小的空間，再針對與父母、兄弟姊妹等身邊親友之間的互動，分成「受他們幫助的事」「回饋給他們的事」「給他們添麻煩的事」這三個主題來思考。

從早上六點到晚上九點，一直思考這些事。然後告訴每隔一、兩小時前來會面的面訪者，這段時間自己針對誰思考什麼、想起了哪些事。面訪者基本上只是聽你說，不會給建議。

全日本有好幾個這種內觀道場，療法內容略有不同。我去的道場在時間上比較不受拘束，過程中如果累了，也可以躺下來休息。我在那裡閉關了七天六夜，陸續想起和父母、學校老師、公司同事、朋友等之間的互動。

在這之前，我也會對父母等自己身邊的人表達感謝的心情。但是，透過在內觀道場努力思考的經驗，「感謝」的性質，有了全然的改變。**以往我都是為了道謝而道謝，如今則是發自內心深處，全心全意地表達謝意。**

其中之一，是對父親的感謝。

父親從我讀小學開始，每天都會喝不少酒。他平常是個認真、和藹的人，我不記得曾被他責罵過。但是，我經常看到他喝酒之後和母親爭吵的情景。小時候，我很討厭父親的那一面。升上國高中之後，進入叛逆期，有一段時間，我幾乎不和他講話。直到大學三年級，到中國留學時，我才第一次離開父母身邊獨自生活，深刻感覺到父母的恩情。

當時，我就想著要原諒一直依賴酒精的父親。

但是，在內觀道場思索自己和父親互動的過程中，我意識到一件事：「原諒」本身就是一種「上對下」的思考角度，在層次上終究沒有達到感恩的心，這令我羞愧得無地自容。父親背負著得依賴酒精才能紓解的壓力持續工作，供我念大學，甚至同意讓我休學去中國留學。不光是養家活口，在一流企業上班的他，一直是日本高度經濟成長的推手之一，那段期間，我從沒看過父親因爲生病而向公司請假。他比任何人都來得堅強。

回想當時的父親，我重新意識到自己遑論原諒，而是應該由衷感謝。這時，我才能百分之百發自內心地「感謝」過去記憶中的父親。

除了父親之外，我也意識到自己對其他許多人的感謝。而且，透過這七天六夜，我強烈地感覺到，自己應該努力去體會、發現他人的施予、幫助及恩賜——不僅是在內觀道場這種特別的場所，而是要落實在日常的生活中。

譬如，吃飯之前花十五秒左右的時間，懷著感恩的心，對變成食材的生命、這世上的所有食物鏈、栽種食材的人、製作菜餚的人說：「感謝您賜給我食物。」只要能意識到他人的施予，就能懂得感謝。懂得感謝他人的每一天及人生，會比反其道而行的每一天和人生，變得豐富許多，而自己也能對別人灌注更多的關愛。

另外，透過內觀，也讓我體會到**「不能忘記自己曾犯下的罪過」**。

一直到今天爲止，我給許多人添了麻煩。譬如，畢業後進入出版社，才不到三年就辭職。辭職時，公司同事甚至替我舉辦了盛大的送別會。這對公司而言，是一大困擾。

爲了讓我成爲旗下員工，公司花了龐大的錄取費用、薪水、員工福利、辦公室租金、電腦等經費。這筆花費差不多和我在三年內所產出的利益打平，但說不定根本就入不敷出。站在公司的立場，會覺得爲什麼要錄取我？

回想起來，腦海中還會浮現許多其他事。例如創辦現在這家公司時，也給許多人添了麻煩，甚至還做了許多傷害別人的事。

今後，我想透過工作貢獻社會，以對別人有幫助的方式來工作。

儘管如此，自己曾犯下的罪過也不會消失。**即使今後做再多好事，罪過也不會因而抵消。正因如此，所以要一心一意持續做對別人有貢獻的事。**

謹記要把目標轉向能對他人有幫助的事，同時意識到自己犯下的罪過；深知「罪過不會消失」之道，保持謙虛的心態，當個能爲別人而行動的人。

吃飯之前，花十五秒「感謝老天爺賜予食物」。（所需時間：三十秒鐘）

【後記】成功在於「0↓1」

許多人都有過這樣的經驗：在每天反覆的生活中，忽然會有一瞬間，有「想開始嘗試新事物」「想改變自己的～」「想養成～的習慣」的念頭。

不過，在這些念頭背後，經常會緊接著出現另一句話是：「可是……」「可是」沒有時間、沒有錢、沒有能夠商量的對象——可能造成阻礙的條件東一個、西一個地浮現腦海，令人不禁退縮，覺得「果然很困難」。

我在三年前以「將宣誓文唸出聲」的方法完全戒菸之前，算是非常愛喝酒，幾乎每天都會在睡前喝酒。後來爲了健康，決定戒酒之後，我徹底執行

「只喝一杯」的作法，忍耐了好一陣子，卻漸漸輸給了酒的誘惑，而開始感到「害怕」。

「如果只是喝一杯，應該沒關係吧。可是，如果喝了一杯，不就跟喝兩杯、三杯一樣了。若是像這樣漸漸恢復成原本的習慣，之前所累積的努力就白費了。」

戒菸的時候也一樣。「只抽一根就好」「只抽一根沒關係」，一旦因爲這種想法，縱容自己「只抽一根」，過不了多久，就會又增加成三根、五根、十根……

一旦「0→1的通路」接通，就會加速地從「1→5→10→100」不斷地增加。正因如此，斷絕一開始「0→1的通路」，便成了養成習慣時最重要的事。換句話說，想戒掉什麼的時候，首先只要徹底集中精神於別讓「0→1」之間接通就可以了。

其實，在「開始嘗試新事物」時，「0→1的通路」也會發揮相同的作用。**「想早起」「想開始學英文」「想有效率地工作」時，第一步就是集中精神於接通該習慣「0→1的通路」**。一旦通路接通，接下來就會和先前的循環一樣，會開始往好的方向運轉，幾乎會自動地朝最終目標前進。

這時，把「1」設定在哪裡，端看你的決定。你可以配合自己當下的狀態或目標的層級，來自由設定。不過，要記得設下「一定能夠實踐」的高門檻。

重點在於，先從目前「0」的狀態，展開「1的行動」。

本書中介紹了幾個「小變化」和「小挑戰」，像是「早晚朗誦一次目標」「One Book, Three Points, One Action」「每天起床報告Email」等，你不妨也參考看看。

讓人生好轉的改變，或許就在明天早上的「一分鐘」！

改變早上起床後的「一分鐘」，就會改變一整天；改變今天一整天，就會改變一星期；改變一星期，就會陸續改變一個月、一年、五年……

一開始用來改變人生的「0→1的通路」，會在這「一分鐘」內，從你展開的小行動開始接通。假如拿起這本書，已經是你「小變化」的一部分，那對我而言，將是無上的喜悅。

十分感謝你看到最後。我打從心裡相信、並替你加油，你將會朝著自己希望的人生邁進。而良性循環，也將從此刻開始轉動。

三宅裕之

「成功」種子清單

以下是本書中介紹過的「成功」種子清單。三個也好，或者像前述的「One Book, One Action」，只有一個行動也行，請在想做的項目上，將虛線◌畫成實線的○，實際做過之後，再將圓圈塗成●。

第一章

圈選	章節	「播種」動作	所需時間
◌	1	將晨間提問表影印、剪下，貼在廁所裡	一分鐘
◌	2	早晚朗誦一次目標	各一分鐘
◌	3	花一分鐘坐在家裡的書桌前	一分鐘
◌	4	今天起走和平常不一樣的路線去上班	零分鐘
◌	5	針對很重要、卻沒有期限的案子「衝刺五分鐘」	五分鐘
◌	6	將當下的話題書或電影買回或租回家看	一分鐘
◌	7	以肯定的表達方式說出目標	一分鐘
◌	8	拔掉電視插頭	三十秒鐘

第二章

圈選	章節	「播種」動作	所需時間
○	9	將本書54頁摺角，作為實踐One Book, One Action的行動	五秒鐘
○	10	今天開始，先丟棄一件物品	一分鐘
○	11	列出自己覺得不可能做到的事	五秒鐘
○	12	以「我喜歡怎麼做的自己？」作為依據來選擇菜單	一分鐘
○	13	上網查詢「全球的平均壽命」	一分鐘
○	14	把存摺和護照放在公司	一分鐘
○	15	以電子郵件邀請親近的友人一同聚會	五分鐘
○	16	在找到場地之前，先發出邀請函	五分鐘
○	17	感謝恐懼	一分鐘
○	18	感到「恐懼」時，試著感受在它背後滿心期待的情緒	一分鐘

圈選	章節	「播種」動作	所需時間
○	19	上網查心儀企業的公司地址	一分鐘
○	20	比平常早一小時上班，早一小時回家	零分鐘
○	21	發送一封電子郵件給朋友，告訴他：「如果明天○○點我沒有寄Email給你，就付你罰金。」	一分鐘
○	22	為了抵達終點，思考一件「能每天持之以恆」做的事	三分鐘
○	23	把午休時間拿來念書	五分鐘
○	24	事先為誓言設下嚴格的「例外」	一分鐘
○	25	想出一個用來達成目標的行動規範	三分鐘
○	26	找出一個自己喜歡的場所	一分鐘
○	27	買一只碼表或附碼表功能的手錶	五分鐘
○	28	上網搜尋和想做的事有關的學苑	五分鐘

圈選	章節	「播種」動作	所需時間
○	29	字跡工整地寫下明天的行程	一分鐘
○	30	今天，在最後一刻「再努力一分鐘」	一分鐘
○	31	列舉出三個支持自己的人	一分鐘
○	32	到便利商店買用一般的筆記本來寫日記	五分鐘
○	33	買活頁紙回來寫「職場日記」	五分鐘
○	34	在一分鐘內列舉、歸納出目前手上的問題，並找出目標	兩分鐘
○	35	試著停止非常喜愛、但對身體不好的「○○」一天	零分鐘
○	36	以「戒○○」為主題，寫下宣誓文	十五分鐘
○	37	試著在一分鐘內列舉出一旦戒掉後對人生會有所幫助的習慣	一分鐘
○	38	重新翻閱自己從前寫的文章	五分鐘

其他（自己想到的事項）

圈選	章節	「播種」動作	所需時間
○	39	反省負面的結果，這樣思考：「說不定這是走運。」	十秒鐘
○	40	吃飯之前，花十五秒「感謝老天爺賜予食物」	三十秒鐘
○	41		
○	42		
○	43		

人生顧問 158

成功，1分鐘搞定！

作　　者—三宅裕之
譯　　者—張智淵
主　　編—郭玢玢
責任編輯—賴郁婷
美術編輯—耶麗米工作室
執行企畫—艾青荷
校　　對—郭玢玢、賴郁婷
董 事 長
發 行 人—孫思照
總 經 理—莫昭平
總 編 輯—林馨琴
出 版 者—時報文化出版企業股份有限公司
10803台北市和平西路三段二四〇號四樓
發行專線—（〇二）二三〇六—六八四二
讀者服務專線—〇八〇〇—二三一—七〇五
（〇二）二三〇四—七一〇三
讀者服務傳真—（〇二）二三〇四—六八五八
郵撥—一九三四四七二四時報文化出版公司
信箱—台北郵政七九～九九信箱
時報悅讀網—http://www.readingtimes.com.tw
電子郵件信箱—history@readingtimes.com.tw
法律顧問—理律法律事務所　陳長文律師、李念祖律師
印　　刷—盈昌印刷有限公司
初版一刷—二〇一〇年二月十二日
定　　價—新台幣二三〇元
⊙行政院新聞局局版北市業字第八〇號

國家圖書館出版品預行編目資料

成功，1分鐘搞定！/ 三宅裕之著；張智淵譯.
-- 初版. -- 臺北市：時報文化, 2010.02 . --
面； 公分. --（人生顧問；158）
譯自：MAIASA 1-PUN DE JINSEI WA KAWARU

ISBN 978-957-13-5155-1（平裝）

1. 自我實現 2. 成功法

177.2　　99000420

MAIASA 1-PUN DE JINSEI WA KAWARU written by Hiroyuki Miyake

First published in Japan by Sunmark Publishing, Inc., Tokyo
This Complex Chinese edition is published by arrangment with Sunmark Publishing Inc., Tokyo
in care of Tuttle-Mori Agency, Inc., Tokyo
through Bardon-Chinese Media Agency, Taipei.

ISBN 978-957-13-5155-1
Printed in Taiwan